HEXENZAUBER

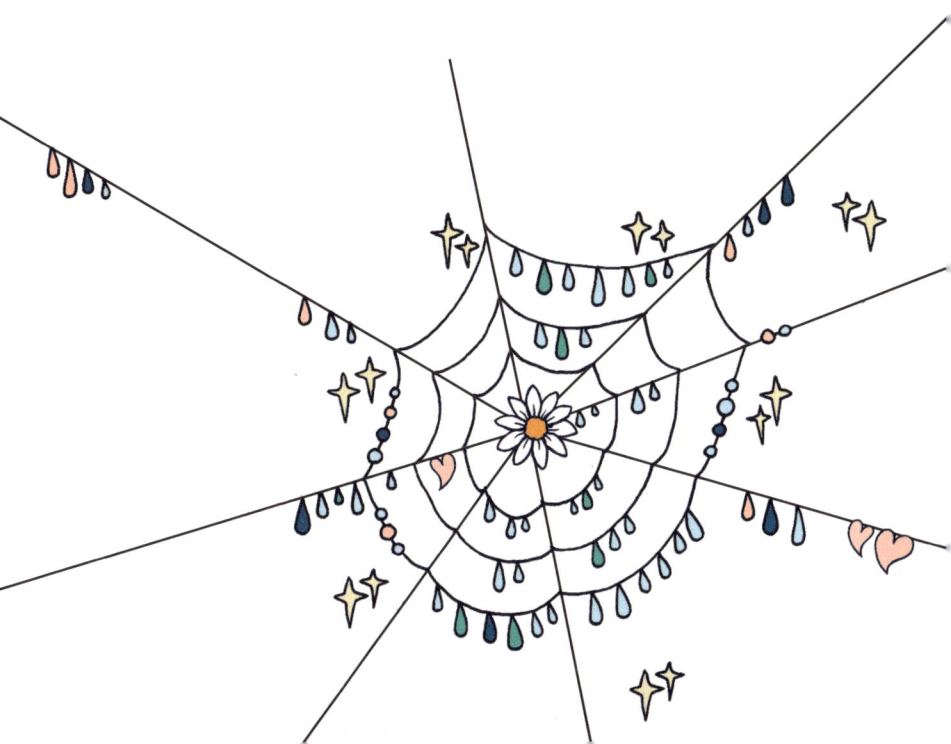

HEXENZAUBER

Der magische Lebensplaner für
deine Wünsche & Ziele

Sarah Bartlett

Mit Illustrationen von
Rachel Urquhart

Bassermann

ISBN 978-3-8094-4313-1

1. Auflage

© dieser Ausgabe 2020 by Bassermann Verlag, einem Unternehmen der
Verlagsgruppe Random House GmbH, Neumarkter Str. 28, 81673 München

Die englische Originalausgabe wurde erstmals 2019 von Abrams Noterie,
einem Imprint von ABRAMS, veröffentlicht.

Titel der englischen Originalausgabe: Witching Hour

Umschlaggestaltung: Atelier Versen, Bad Aibling

Projektkoordination: Birte Dittmann

Übersetzung: SAW Communications, Mia Kessler

Redaktion und Producing: SAW Communications,
Redaktionsbüro Dr. Sabine Werner, Mainz

Satz: SAW Communications in Zusammenarbeit mit
alles mit Medien – Anke Enders, Sprendlingen

Herstellung: Ruth Bost

Printed in China

Texte: Sarah Bartlett

Illustrationen: Rachel Urquhart

Layout: Quarto Publishing plc.,
ein Imprint von The Quarto Group

MIX
Papier aus verantwor-
tungsvollen Quellen
FSC® C016973

INHALT

DAS EINMALEINS DER HEXE
SEITE 8

KAPITEL 1
SELBSTWERT & CHARISMA
SEITE 12

KAPITEL 2
LIEBE & ROMANTIK
SEITE 38

KAPITEL 3
WOHLSTAND & ÜBERFLUSS
SEITE 58

KAPITEL 4
BERUFUNG & LEBENSSTIL
SEITE 74

KAPITEL 5
ZUHAUSE & WOHLBEFINDEN
SEITE 92

KAPITEL 6
ERFOLG &
KREATIVITÄT
SEITE 110

KAPITEL 7
TRÄUME &
ZIELE
SEITE 126

KAPITEL 8
FREUNDE &
MENTOREN
SEITE 140

DAS EINMALEINS DER HEXE

HEXENZAUBER *ist ein Lebensplaner für dich, die moderne Hexe. Der Lebensplaner soll dich ermutigen, dir Zeit zu nehmen für Reflexion, spirituelle Arbeit, Hexerei oder einfach, um dich auf deine Zukunftswünsche zu konzentrieren. Es handelt sich allerdings nicht um eine bloße Ansammlung von Zaubersprüchen. Dieses Buch nimmt dich mit auf eine Entdeckungsreise zu dir selbst. Mithilfe dieses Buches nimmst du dein Leben in die Hand, triffst bewusste Lebensentscheidungen und lässt deine Wünsche Wirklichkeit werden. Hierin besteht die Magie des Hexenzaubers.*

Sprüche und Zutaten

Für die Zaubersprüche in diesem Buch sind ein paar grundlegende Zutaten notwendig, die die meisten magischen Frauen zur Hand haben sollten. Es sind bewährte traditionelle Hilfsmittel, die die Energien verstärken, mit denen du arbeitest. Für einige Zauber brauchst du Spiegel, Kerzen und Kristalle. Am wichtigsten ist jedoch ein Stift zum Ausfüllen dieses Buches. Ein paar bunte Stifte oder Farben werden ebenfalls benötigt sowie einige Fotos oder Bilder (je nach Zauber) und ein paar weitere Dinge, die jedoch einfach zu bekommen sind.

Der richtige Zeitpunkt

Viele Zauber richten sich nach dem Mondkalender, so wie es in der Hexentradition seit jeher üblich ist. Nach alter Hexenweisheit unterstützt uns der zunehmende Mond (eine zunehmende Sichel vergrößert sich zum Vollmond) dabei, unsere Wünsche zu

manifestieren, und der abnehmende Mond (im Übergang vom Vollmond zum dunklen Neumond) erleichtert es, die Vergangenheit hinter sich zu lassen und Bannzauber zu sprechen.

Hexenkodex

Es gibt ein paar grundlegende Verhaltensregeln für eine Hexe. Jede Form der Hexerei soll das Wohl des gesamten Universums fördern und steht nicht allein im Dienste unserer eigenen Interessen. Selbstverständlich ist es wichtig, dass du dich zunächst auf dich selbst konzentrierst, füge anderen dabei jedoch niemals Schaden zu, auch wenn sie hinterhältig, unverschämt oder sogar bösartig gehandelt haben. Lenke deine Energie niemals in Form eines Fluchs direkt auf eine andere Person, denn ihre Negativität könnte auf dich zurückfallen. Natürlich kannst du ihre schlechten Schwingungen verbannen oder den Ballast der Vergangenheit abwerfen und hinter dir lassen, aber niemals mit der Absicht, Schaden zuzufügen oder Schmerz zu verursachen, auch dann nicht, wenn du selbst eine Verletzung erfahren hast.

In der Weißen Magie geht es nicht um Negativität, sondern um die Entdeckung der eigenen Kraft und die Stärkung von allem Positiven im eigenen Leben und Empfinden. Wenn wir gute Absichten verfolgen, können wir damit rechnen, dass unsere Bitten auch erhört werden. Wer also negative Gedanken in das Universum hinaussendet, der bekommt auch Negatives zurück, und wer positive, harmonische Energien aussendet, bekommt Positives zurück. In diesem Sinne ist es auch wichtig, zunächst die Liebe zu sich selbst zu stärken, denn diese Liebe zieht wiederum die Liebe anderer an.

Der Hexeneid

Bevor du beginnst, solltest du diesen Eid ablegen — er ist ein Versprechen, Gutes zu tun. Dann wende dich den konkreten Themen zu: Vielleicht möchtest du dein Liebesleben in geordnete Bahnen lenken, neue Wege im Job gehen oder ein ganz bestimmtes Lebensziel manifestieren. Auf jeden Fall solltest du aber mit einem der Zauber im ersten Kapitel beginnen, denn dieser wird dich spirituell, mental und emotional auf die weitere Hexenarbeit vorbereiten.

Die Hexenarbeit beginnt jedoch bereits an dieser Stelle. Dein allererster Zauber betrifft dich selbst — es ist der Hexeneid. Schreibe ihn auf diese Seite und tue dies mit voller Überzeugung.

Der Hexenzauber hat hiermit begonnen,
meiner Kraft habe ich mich besonnen.
Leid ist meine Absicht nicht,
meine Magie hüllt Dunkelheit in Licht.

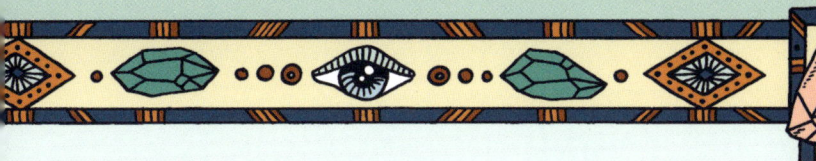

SELBSTWERT & CHARISMA

KAPITEL

1

Die drei Grazien der antiken Mythologie,
auch Chariten genannt, verliehen den
Sterblichen ihr Charisma.

Wir alle möchten innere Schönheit ausstrahlen, mit uns selbst im Reinen sein und dieses mysteriöse Etwas — Charisma — verströmen. Das Wort Charisma geht auf ein griechisches Wort für »göttliche Gabe« zurück. Dieser versteckte göttliche Funke steckt in uns allen, allerdings scheint er bei manchen heller zu strahlen als bei anderen. Das eigene Charisma zu entfesseln, ist der erste Schritt, um all die anderen magischen Veränderungen anzustoßen, die du dir in deinem Leben wünschst.

Die Arbeit an dir selbst ist der beste Weg, um auch die Kräfte des Universums auf deine Seite zu ziehen. Wenn du mit dir glücklich bist — dich charismatisch und charmant, bezaubernd und betörend fühlst —, wird sich das auch in der Welt um dich herum widerspiegeln und so wiederum noch mehr Glück in dein Leben bringen. Warum also nicht zunächst einmal bei dir und deinen Überzeugungen ansetzen?

TÜRKIS   MALACHIT   ONYX

DER MAGISCHE GLAUBE AN DICH SELBST

Glaube ist unendlich wichtig. Er prägt dein Leben, deine Träume und deine Wünsche. Der Glaube an die eigene Magie ist der Schlüssel zu einem positiven, gefestigten Selbstbild. Dieser Zauber bedient sich der Symbolkraft der vier Elemente (Feuer, Wasser, Luft und Erde) sowie des fünften, weniger bekannten, dafür aber mächtigsten Elements: das Ich.

DU BRAUCHST

- ✿ eine rote Kerze (Energie des Feuers)
- ✿ eine kleine Schale mit klarem Quellwasser (Energie des Wassers)
- ✿ einen roten Stift

Dieser Zauber gelingt am besten bei zunehmendem Mond. Entzünde die Kerze und platziere die Wasserschale davor (durch die gegenseitige Reflexion von Feuer und Wasser potenzieren sich die Kräfte der Elemente). Schreibe die folgenden Worte mit dem roten Stift unter die fünf oben abgebildeten Kristalle. Durch das Schreiben wird die Kraft der Luft geweckt. Die abgebildeten Kristalle repräsentieren die Kraft der Erde.

»Glaube« unter »Türkis«
»Vertrauen« unter »Malachit«
»Integrität« unter »Onyx«
»Mitgefühl« unter »Blauer Saphir«
»Ich« unter »Milchquarz«

BLAUER SAPHIR

MILCHQUARZ

Danach sage den folgenden Zauberspruch neunmal
(eine mächtige Glückszahl) auf.

Der Glaube an mich selbst lässt mich wachsen und lernen.
Das Vertrauen in meine Entscheidungen lehrt mich geben und nehmen.
Die Akzeptanz gegenüber anderen schult meine Aufrichtigkeit.
Die Liebe für andere versöhnt mich mit meiner Eitelkeit.
Mit dem Glauben an mich selbst, so wird es sein,
dass was immer ich habe, wird ganz allein mein.

**Was bewirkt dieser Zauberspruch in diesem
Moment in dir?
Was macht dein Selbstbild aus?**

CHARISMAGIE

Charisma steckt in uns allen: Es sind unsere persönliche Ausstrahlung und unser Charme, die unser Charisma ausmachen. Einige von uns scheinen es mit besonderer Leichtigkeit zu verströmen, frei von Hemmungen oder der Angst davor, was andere denken könnten. Mithilfe der Göttinnenkraft können wir alle diesen Punkt erreichen.

DU BRAUCHST

* **eine weiße Kerze (das Feuer hilft, spirituelle Energien heraufzubeschwören)**
* **einen Spiegel (offenbart die Wahrheit und verdoppelt deine Kraft)**
* **eine Schleife (optional)**

Aglaia ist eine der drei Grazien aus der antiken Mythologie. Indem du ihre Energie heraufbeschwörst, kannst du deine innere »göttliche Gabe« anzapfen.

Wilde Rosen sind die Blumen der drei Grazien. Schreibe den Spruch der Aglaia unter den Blumenstrauß auf der nächsten Seite. Betrachte dein Spiegelbild im Schein der weißen Kerze, die du links neben deinem Buch platzierst. Lies den Zauberspruch dreimal laut vor, um die Energie der drei Grazien heraufzubeschwören und dein Charisma zu stärken.

Aglaia, Meisterin deiner Kunst,
bitte schenke mir deine Gunst,
verleih mir Anmut, Charme und Anziehungskraft
und die strahlende Aura der Hexenmacht.

Klebe eine echte Schleife auf den Strauß oder zeichne eine
Schleife, die den Strauß zusammenhält, um so deinen
Zauber symbolisch zu besiegeln.

SELBSTVERTRAUENS-ZAUBER

Nachdem man uns jahrhundertelang eingebläut hat, die Stimme einer Frau sei weniger wert als die eines Mannes, ist es nicht verwunderlich, dass wir manchmal Probleme mit dem Selbstvertrauen haben. Es ist an der Zeit, deine innere Hexe zu wecken, Rollenklischees abzuschütteln und dich selbst lieben zu lernen.

Besinne dich bei zunehmendem Mond auf all deine guten Eigenschaften und schreibe sie auf die abgebildeten Kiesel. Wenn du fertig bist, lege deine Hände auf die Seite und sage:

> *Diese Steine stehen für all das Gute in mir.*
> *Möge ich nie vergessen, dass ich im Universum einzigartig bin*
> *und dass der göttliche Funke der Alten auch in mir glüht.*
> *Der Gott und die Göttin sind Teil von mir; meine Schutzgeister*
> *sind an meiner Seite.*
> *Als Kind der Sterne fordere ich mein Recht auf Glückseligkeit ein*
> *sowie die bedingungslose Liebe, die die Seele wärmt.*
> *Ich bin. Ich bin. Ich bin.*

Wann immer dein Selbstvertrauen eine kleine Stärkung braucht, schlage diese Seite auf und lies den Spruch erneut, um dich daran zu erinnern, was für eine wundervolle Person du bist.

Schreibe deine besten Eigenschaften auf diese Kiesel.

KRAFTTIERE UM HILFE BITTEN

Äußere Schönheit und Charisma sind ein Spiegel unseres Seelenlebens. Um deine spirituelle Seite zu stärken, kannst du die Hilfe eines Begleiters aus der Geisterwelt erbitten. Schamanen und Geisterbeschwörer der verschiedensten indigenen Völker weltweit beschwören tierische Schutzgeister. Diese Totemtiere verkörpern bestimmte Kräfte, die du vielleicht in deinem Leben gerade dringend brauchst.

DU BRAUCHST

❋ **eine weiße Kerze (die Energie des Feuers zieht Hilfe aus dem Geisterreich an)**

Sieh dir die Tiere an, die auf der nächsten Seite aufgelistet sind. Mit welchen Eigenschaften kannst du dich in diesem Moment identifizieren? Wähle das Krafttier, in dem du dich wiederfindest. Von dem Moment an, in dem du diesen Zauber vollziehst, wird dein Krafttier nicht mehr von deiner Seite weichen und als Hüter deiner Seele dein Inneres nach außen strahlen lassen.

Erbitte die Hilfe deines tierischen Schutzgeistes, indem du – am besten bei Vollmond – eine weiße Kerze anzündest und den folgenden Spruch neunmal aufsagst:

Schutzgeist all meiner Taten, ich rufe dich an,
Hüter meiner Seele, komm schnell heran.

Verweile eine Zeit lang und schaue in das Licht der Kerze, während du dir deinen tierischen Schutzgeist vorstellst — vielleicht kannst du deinen Freund aus dem Geisterreich sogar flüchtig in der Flamme tanzen sehen.

Wähle deinen tierischen Schutzgeist

☐ **PFERD** — *friedlich, gesellig, im Herzen wild*

☐ **SCHMETTERLING** – *wandlungsfähig, humorvoll, verspielt*

☐ **FUCHS** – *scharfsinnig, clever, schlagfertig*

☐ **SCHLANGE** – *kreativ, inspirierend, sinnlich*

☐ **ADLER** – *verständnisvoll, unparteiisch, stark*

☐ **KATZE** – *magisch, intuitiv, unabhängig*

☐ **TIGER** – *willensstark, unabhängig, aufgeweckt*

☐ **EULE** – *ehrlich, weise, hellseherisch begabt*

☐ **WAL** – *hingebungsvoll, sanft, zuverlässig*

☐ **SCHWAN** – *rein, treu, anmutig*

☐ **HUND** – *instinktsicher, beschützend, intelligent*

**Zeichne dein Krafttier oder klebe hier ein Bild auf,
um seine magische Kraft anzuziehen.**

*Wann immer du eine Verbindung mit deinem spirituellen Selbst
herstellen möchtest, schlage diese Seite auf, wiederhole den Spruch
und rufe dein Krafttier an.*

SPIEGELZAUBER

Der Spiegel zählt zu den ältesten Hilfsmitteln, die in der Magie und beim Wahrsagen zum Einsatz kommen. Die Macht des Spiegelbilds — egal, ob es sich um eine Reflexion in Wasser, Kristallen oder Spiegelglas handelt — verstärkt die Energie des Gespiegelten. Betrachten wir unser Spiegelbild, dann sehen wir unsere äußere Erscheinung, unsere oberflächliche Schönheit. Dieser Zauber stärkt hingegen unsere innere Schönheit und bringt diese zum Strahlen.

DU BRAUCHST

* einen Handspiegel
* eine rote Kerze
* einen Lippenstift, am besten in Rot

Nimm den Handspiegel in die Hand und blicke dir selbst in die Augen. Denke eine Weile über deine attraktivsten Eigenschaften nach. Sollte dir das schwerfallen, überlege, wie deine besten Freunde, dein Partner oder deine Partnerin, deine Familie dich vielleicht beschreiben würden. Schreibe diese Eigenschaften in die Mitte des Spiegels auf der nächsten Seite.

Nutze die Kraft der Aphrodite, der griechischen Göttin der Liebe, bekannt für ihre Schönheit, um das zu stärken, was du an dir liebst. Entzünde die Kerze bei zunehmendem Mond (so maximierst du den Energiefluss), betrachte dein Spiegelbild und flüstere leise:

Die Schönheit in mir am hellsten erstrahlt,
denn die Kraft der Aphrodite ist in mir erwacht.
Du, meine Göttin, erfüllst mich mit Licht,
das fortan hell strahlend nach außen bricht.

Besiegle deinen Zauber, indem du den Spiegel auf der nächsten Seite mit deinen rot geschminkten Lippen küsst. Puste die Kerze aus, und wahre Schönheit wird dein steter strahlender Begleiter sein.

Schreibe eine Liste deiner attraktivsten Eigenschaften.

KRISTALLKRAFTZAUBER

Kristalle verfügen über einzigartige Schwingungsenergien; sie stärken das Vertrauen in uns selbst und in die Sinnhaftigkeit unseres Lebens. Die Windrose auf der nächsten Seite ist ein magisches Symbol, das es uns ermöglicht, eine Verbindung zur universellen Energie herzustellen; platziert man einen Kristall auf ihr, verstärkt sie auch dessen Energie. Dieser Zauber wird dich mit Tatendrang, Kraft und Motivation erfüllen.

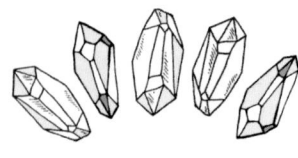

DU BRAUCHST

❋ eine weiße Kerze
❋ fünf klare
  Bergkristalle
  (vier davon symbo-
  lisieren die vier
  Elemente und
  der fünfte deine
  eigene energetische
  Quintessenz)

Zünde eine weiße Kerze an, sie steht für dynamische und motivierende Energie und zieht diese an.

Lege die Kristalle auf die Windrose auf der nächsten Seite: einen auf den Pfeil nach Norden, einen auf den nach Süden, einen auf den nach Osten, einen auf den nach Westen und zum Schluss einen in die Mitte (durch das Ablegen über Kreuz besiegelst du deine Intention).

Wiederhole die folgenden Affirmationen mit jedem Kristall, den du ablegst:

Ich vertraue auf meine eigene Stärke.
Ich bin voller Willenskraft.
Ich entfessle mein volles Potenzial.
Ich schätze, was ich habe und was ich weiß.
Ich investiere in meine Zukunft.

Wenn du deine positiven Eigenschaften noch weiter stärken möchtest, ersetze den fünften Kristall durch deinen Geburtsstein (siehe unten):

Der passende Kristall für dein Tierkreiszeichen

☐ WIDDER *Karneol*   ☐ STIER *Smaragd*   ☐ ZWILLINGE *Citrin*   ☐ KREBS *Mondstein*
☐ LÖWE *Tigerauge*   ☐ JUNGFRAU *Peridot*   ☐ WAAGE *Blauer Saphir*   ☐ SKORPION *Malachit*
☐ SCHÜTZE *Türkis*   ☐ STEINBOCK *Onyx*   ☐ WASSERMANN *Bernstein*   ☐ FISCHE *Amethyst*

Sammle die Kristalle wieder ein und schreibe die erste Affirmation an den Pfeil nach Norden, die zweite an den nach Süden, die dritte an den nach Osten, die vierte an den nach Westen und die fünfte in die Mitte.

Verwahre die Kristalle in einem Beutel an einem geheimen Ort und sage den Spruch laut auf, wann immer du deinem Selbstvertrauen ein bisschen auf die Sprünge helfen möchtest.

MOTIVIERENDER WINDZAUBER

Die vier Winde – der Nord-, Süd-, Ost- und Westwind — gelten seit jeher als mächtige Energiequellen: Je nachdem, welchem Wind der Eingang des eigenen Zuhauses zugewandt war, wurden traditionell die anderen drei Winde angerufen, um die Energien ins Gleichgewicht zu bringen und so ein harmonisches Zuhause zu schaffen. Der hier beschriebene Zauber basiert auf einer ähnlichen Methode, um Zielstrebigkeit, Tatendrang und Motivation ins Gleichgewicht zu bringen: Ist einer der Winde zu schwach vertreten, fühlst du dich antriebslos, nimmt jedoch ein anderer überhand, droht dein Ego außer Kontrolle zu geraten.

DU BRAUCHST

❁ **eine grüne Kerze (fördert Ambition und Motivation)**

Unten sind Eigenschaften aufgelistet, die den vier Windrichtungen zugeordnet werden können. Wähle die Eigenschaft, die du momentan besonders anstrebst, und schreibe sie in die entsprechende Wolke (z. B. »Kreativität« in »Ostwind«).

Nordwind — Ehrgeiz
Ostwind — Kreativität
Südwind — Erfolg
Westwind — Sicherheit

Zünde die Kerze an und bitte die vier Winde, positive Energien herbeizuwehen:

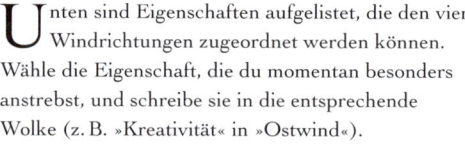

> *Meine eigene Kraft wird zu magischer Macht,*
> *wenn die vier Winde wehen heut' Nacht.*

Um den Zauber zu vollenden, schreibe die Eigenschaften der anderen drei Winde an die entsprechenden Stellen und ziehe mit dem Finger einen Kreis um jedes Wort, um deinen Wunsch zu bekräftigen. Bald wirst du die Motivation verspüren, deine wahren Wünsche in die Tat umzusetzen.

Schreibe die Eigenschaft, die du am meisten begehrst, in die zugehörige Wolke. Sage die Zauberformel.

Ergänze die anderen Eigenschaften in den verbleibenden Wolken. Dann zeichne mit dem Finger einen Kreis um jede von ihnen.

NORD-
wind

WEST-
wind

OST-
wind

SÜD-
wind

BEFREIE DICH VON NEGATIVER ENERGIE

In der Weißen Magie des Mittelalters wurden Stäbe oder Stöcke geschwungen, um negative Energien aus dem eigenen Zuhause zu vertreiben. Der hier beschriebene Zauber macht sich die Symbolkraft des Zauberstabs zunutze, um negative Energien aus deinem Leben zu verbannen. Teil des Zaubers sind auch Blumen – stehen sie doch für ausgeglichenes Wachstum – sowie die Fünf, die Zahl der Schaffenskraft.

Schreibe zunächst eine Liste mit fünf Dingen, die du in deinem Leben als negativ empfindest. Neben jeden der fünf Punkte zeichne einen Zauberstab, der Verbannung symbolisiert.

Schreibe nun fünf Dinge auf, die dir wichtig sind, die du liebst, die du gerne tust oder die dir einfach ein gutes Gefühl geben. Zeichne eine Blume neben jeden Punkt als Symbol für Wachstum, Harmonie und positive Energie.

Wenn du deine Liste vervollständigt hast, wiederhole den folgenden Spruch fünfmal und schreibe ihn auf die leeren Zeilen auf der nächsten Seite:

Mit der Kraft der Zauberstäbe banne ich negative Gedanken.
Mit der Kraft der Blumen fasse ich gute Absichten.
Vor meinem inneren Auge erscheinen jeden Tag diese Blumen und bescheren mir die Erfüllung all meiner Wünsche.

Fünf Dinge, die ich in meinem Leben verändern möchte:

1 _____

2 _____

3 _____

4 _____

5 _____

Fünf Dinge, die ich an meinem Leben schätze:

1 _____

2 _____

3 _____

4 _____

5 _____

_____

_____

_____

_____

ERWECKE DEINE LBENSGEISTER

Es ist ja schön und gut, die Ärmel hochzukrempeln und sich mit aller Ernst-haftigkeit dem eigenen Leben, den Finanzen und der Karriere zu widmen. Aber manchmal wollen wir auch einfach mal lockerlassen, alle Bedenken über Bord werfen, die ewige Stimme der Vernunft verstummen lassen und das Steuer an unser unbeschwertestes Ich übergeben. Hier steht, wie's geht.

Auf der nächsten Seite sind verschiedene magische Symbole abgebildet, die Folgendes verkörpern:

Drei rote Rosenblätter — Liebe zu dir selbst
Goldener Ring — Kokettieren mit der Welt
Rote Kerze — unbeschwerte Freude
Zimtstange — entfesselte Wünsche
Sonnenstein — bezaubernder Charme
Seidensäckchen — das Gefäß: du

Verbinde all diese Gegenstände mit einer durchgehen-den Linie, ohne deinen Stift vom Papier zu nehmen. Orientiere dich dabei an der Hilfsgrafik. Du zeichnest das magische »unikursale Hexagramm« (es ist unmög-lich, ein herkömmliches Hexagramm mit nur einer durchgehenden Linie zu zeichnen, da es aus zwei sich überlagernden Dreiecken besteht). Dieses geniale magische Gebilde verbindet alle Zutaten zu einer ultimativen Einheit und verstärkt ihre Symbolkraft.

Während du das Hexagramm zeichnest und die Gegenstände miteinander verbindest, sage:

Mit diesem Stift ziehe ich an,
all das, was Freiheit schaffen kann.
Unbeschwert, gelöst, entzückt,
die Welt sei von meinem Zauber beglückt.

Verbinde alle Gegenstände mit einer durchgehenden Linie, ohne dabei den Stift vom Papier zu nehmen. Im Schaubild siehst du, wie's geht.

DREI ROTE ROSENBLÄTTER

ROTE KERZE

SONNENSTEIN

SEIDENSÄCKCHEN

GOLDENER RING

ZIMTSTANGE

Nun ziehe los mit federndem Schritt, flirte und genieße die Wirkung deiner Hexerei!

SELBSTWERT-BLUMEN-PENTAGRAMM

Wir alle wünschen uns, geliebt zu werden, und so wie sämtliche Lebewesen auf diesem Planeten verdienen wir es auch, geliebt zu werden. Zu Anfang sollten wir daran arbeiten, uns selbst zu lieben. Dieser Zauber steigert den Selbstwert und zieht somit die Liebe an, die du suchst.

Auf der nächsten Seite sind zwei Pentagramme in Blumenform abgebildet. Der Samenstand bildet die Mitte, und die fünf Blütenblätter bilden die fünf Spitzen des Pentagramms.

Schreibe in die Mitte der ersten Blume »Ich liebe mich«. Schreibe danach die folgenden Eigenschaften in die Blütenblätter: »Selbstvertrauen«, »Dankbarkeit«, »Integrität«, »Akzeptanz«, »Wert«. Beginne im obersten Blütenblatt und arbeite dich im Uhrzeigersinn vor, so verstärkst du die Wirkung des Zaubers zusätzlich.

Um den Zauber zu vervollständigen und dein Selbstwertgefühl zu steigern, schreibe in die Mitte des zweiten Blumen-Pentagramms »Ich« und dann in die Blütenblätter »Mein Selbstvertrauen«, »Meine Dankbarkeit«, »Meine Integrität«, »Meine Akzeptanz« und »Mein Wert«, beginne wieder oben und arbeite dich im Uhrzeigersinn vor.

Schreibe die Eigenschaften
in die blattförmigen Umrisse,
die die fünf Spitzen des
Pentagramms bilden.

WUNSCHERFÜLLER

Wir alle sagen unüberlegte Dinge, wie »Ich wünschte, ich wäre reich« oder »Ich wünschte, ich könnte die ganze Welt bereisen« oder »Ich wünschte, ich wäre erfolgreicher, schöner, schlauer« und so weiter. Wenn wir uns allerdings auf pragmatische, lebensnahe Wünsche besinnen — z. B. dass unser Chef die harte Arbeit anerkennt, die wir in ein Projekt gesteckt haben, oder die Gelegenheit, ein tiefgehendes Gespräch mit einem Freund zu führen —, dann ist es auch sehr wahrscheinlich, dass sie in Erfüllung gehen.

DU BRAUCHST

* ❀ eine weiße Kerze (verstärkt die Kraft deines Wunsches im Universum)
* ❀ bunte Stifte

Zünde die Kerze an und konzentriere dich auf die Abbildungen dieser erprobten Wunscherfüller: eine Sternschnuppe, eine Pusteblume, eine Feder und herabfallendes Laub. Suche dir einen der Wunscherfüller aus, male ihn farbig aus und schreibe deinen Wunsch daneben. Besiegle deinen Wunsch, indem du diesen Spruch dreimal laut aufsagst:

Mein Wunsch gilt der Liebe in jeder Gestalt.
Mein Wunsch gilt den Wünschen in aller Vielfalt.
Mein Wunsch gilt den Wünschenden, wo immer sie seien.
Mein Wunsch werde wahr, denn so soll es sein.

Schreibe zum Schluss »So sei es« unter deinen Wunsch.

Die sich wiederholenden Klänge der Wörter machen diesen Zauberspruch besonders mächtig, wenn er laut vorgelesen wird. Vergiss nicht: Zaubersprüche sind magisch, weil jedes Wort, das wir sprechen, magische Kräfte besitzt.

Wähle einen der Wunscherfüller, male ihn aus und schreibe deinen Wunsch daneben. Es ist Platz für vier Wünsche.

Nun freue dich darauf, dass dein Wunsch bald in Erfüllung gehen wird.

LIEBE &
ROMANTIK

KAPITEL

2

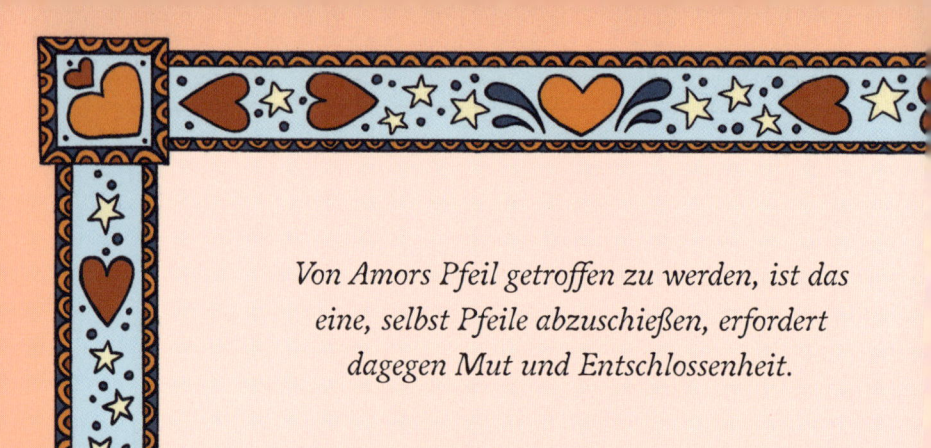

Von Amors Pfeil getroffen zu werden, ist das eine, selbst Pfeile abzuschießen, erfordert dagegen Mut und Entschlossenheit.

Schon seit Jahrhunderten wird der Rat von Hexen eingeholt, wenn es um Herzensangelegenheiten geht: Die Spanne reicht von Heilmitteln für gebrochene Herzen über Zaubersprüche zum Anlocken einer neuen Liebe, Flüche für Rivalen, Zauber zum Aufdecken von Untreue und Heilmittel für Unfruchtbarkeit bis hin zu Zaubern zum Besiegeln eines ewigen Bundes.

Dieses Kapitel hilft dir dabei, dein Liebesleben in die gewünschte Richtung zu lenken. Verzweiflung ist hierbei nicht die treibende Kraft, du folgst lediglich deinem Hexeninstinkt und gehst deinen Bedürfnissen nach. Werde dir darüber klar, was du dir wünschst, was dir fehlt und was die Welt deiner Beziehungen bereichern würde. Möchtest du, dass auf die ersten Liebesnachrichten ein anrührender Liebesbrief folgt? Oder möchtest du dein Liebesschicksal selbst in die Hand nehmen? Was immer du dir von der Liebe wünschst, hier wirst du es finden.

EINE NEUE LIEBE ANLOCKEN

Zimt wurde in der Hexentradition schon immer verwendet, um Begierde zu entfachen, nicht nur wegen seiner symbolischen Verbindung mit Hitze, auch weil er die Kraft hat, Sehnsüchte zu erwecken.

DU BRAUCHST
* Zimtpulver

Nimm etwas Zimtpulver und streue es in deine Schuhe, bevor du losziehst, um jemandem den Kopf zu verdrehen.

Bevor du das Haus verlässt, bitte die griechische Liebesgöttin Aphrodite mit diesem Knotenzauber darum, dir die gewünschte Aufmerksamkeit zu bescheren.

Mithilfe der magischen Knoten fixieren wir unsere Ziele und Wünsche. Schreibe den folgenden Spruch auf das abgebildete rosa Band; jedes Mal, wenn du einen der drei Knoten erreichst, sage den Spruch laut auf.

Aphrodite, schicke Liebesboten mit diesem ersten Knoten.

Aphrodite, die Liebe, echt und ungetrübt, dank zweierlei Knoten nie versiegt.

Aphrodite, setze Liebe frei, besiegelt sei sie mit Knoten drei.

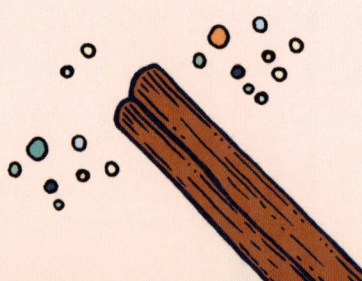

BRING DEINEN SCHWARM ZUM SCHWÄRMEN

Du bist deinem neuen Schwarm begegnet und hast sein Interesse bereits geweckt. Mit diesem Zauber sorgst du dafür, dass er sich Hals über Kopf in dich verliebt (natürlich nur, wenn auch du verrückt nach dieser Person bist)! Für jemanden zu schwärmen, ist eine schöne Umschreibung dafür, dass man von jemandem ganz verzückt ist. Mit diesem Zauber wird dein Schwarm auch für dich schwärmen.

DU BRAUCHST

❋ **Granat (entweder einen Stein, ein Schmuckstück oder die Illustration weiter unten)**

Granat wurde im Laufe der Geschichte immer wieder dazu eingesetzt, das Böse zu bannen und Liebe anzuziehen. Die rote Farbe des Granats symbolisiert innige Liebe und romantische Gefühle. Er trägt die Energien der Leidenschaft und des Verlangens in sich.

Um deinen Schwarm schwach werden zu lassen, belege ein Stück Granat (entweder einen Stein, ein Schmuckstück oder die Illustration weiter unten) mit dem folgenden Zauber. Nimm dann das verzauberte Objekt mit zu deiner Verabredung.

Platziere den Granat in der Mitte des magischen Kreises auf der nächsten Seite und schreibe den folgenden Spruch entlang des Randes, um die Kraft des Granats zu aktivieren.

Verehrer, die ins Schwärmen geraten,
dieser Granat erobert die Herzen.

Trage deinen Granat bei dir, und dein Schwarm wird dich unwiderstehlich finden.

Schreibe den Zauberspruch
entlang des Randes, um die
magische Kraft des Granats
zu aktivieren.

ZWEISAMKEITSZAUBER

Anfangs ist alles noch ganz aufregend — die ersten Verabredungen, es wird geflirtet, langsam entwickelt sich eine Beziehung —, aber was dann? Die meisten von uns wünschen sich eine Beziehung mit Zukunft, eine Beziehung, die stetig weiterwächst. Mit diesem Zauber sorgst du dafür, dass die Person, die du liebst, noch stärker die Nähe zu dir suchen wird. Sei es eine innige Umarmung oder eine Nacht voller intensiver Gespräche — Zweisamkeit ist garantiert.

DU BRAUCHST

* einen roten Stift (Rot steigert die Leidenschaft und die körperliche Anziehung)
* einen blauen Stift (Blau fördert die spirituelle Anziehung)
* eine Schere
* durchsichtiges Klebeband

Die vier Himmelsrichtungen spielen eine solch wichtige Rolle in der magischen Tradition, weil sie von der Kraft unsichtbarer universeller Energie, in der chinesischen Mystik auch als »Ch'i« bezeichnet, durchdrungen sind. Schöpfend aus der Kraft der vier Himmelsrichtungen zieht dieser Zauber positive, bindende Energien für deine Beziehung an.

Schreibe deinen Namen in Rot auf die obere Hälfte des ersten weißen Streifens auf der nächsten Seite und den deines Partners in Blau auf die obere Hälfte des zweiten Streifens. Schneide sie aus und klebe den Streifen mit deinem Namen auf die senkrechte Achse (Norden nach Süden) und den Streifen mit dem Namen deines Partners auf die waagrechte Achse (Westen nach Osten).

Zur Vollendung des Zaubers, der euch mehr Zweisamkeit bescheren wird, schreibe deinen Namen in Blau unter den deines Partners und den Namen deines Partners wiederum in Rot unter deinen.

Schreibe deinen Namen in Rot auf einen der weißen Streifen und den Namen deines Partners in Blau auf den anderen Streifen. Schneide sie aus und klebe deinen auf die senkrechte Achse und den deines Partners auf die waagrechte Achse. Schreibe dann deinen Namen in Blau unter den deines Partners und den Namen deines Partners in Rot unter deinen.

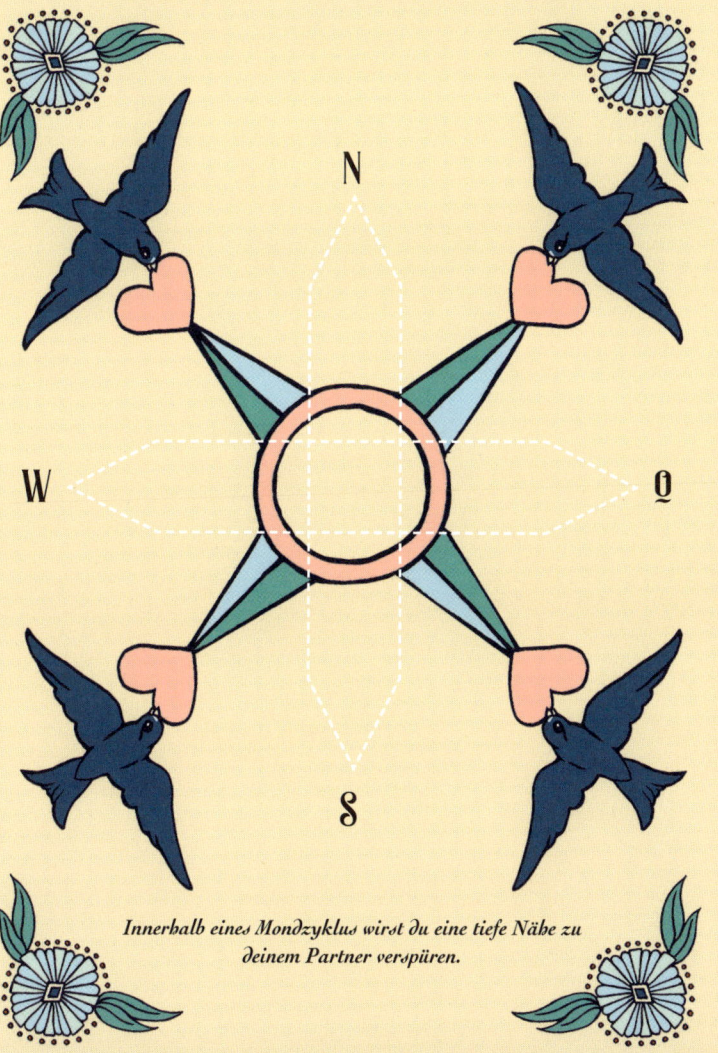

Innerhalb eines Mondzyklus wirst du eine tiefe Nähe zu deinem Partner verspüren.

SINNLICHER ANZIEHUNGSZAUBER

Für vollkommenes Liebesglück im Bett — oder auch andernorts — sage den folgenden Zauber in einer Vollmondnacht auf. Wenn die Kraft des Mondes ihren Zenit erreicht, ist der perfekte Zeitpunkt gekommen, um den verführerischen Einfluss der griechischen Liebesgöttin Aphrodite anzuziehen.

DU BRAUCHST

* ❋ **Rosenquarz (der Liebeskristall) oder eine Rose (die Blume der Aphrodite)**

Platziere den Kristall oder die Rose auf dem Bild der Aphrodite auf der nächsten Seite und schreibe den folgenden Zauberspruch darunter:

Im Mondlicht, das herunterscheint,
seien wir in lustvoller Liebe vereint.
Durch Rose und Mond entfacht,
Aphrodites Kraft für uns erwacht.

Lass dein aufgeschlagenes Buch über Nacht mit der Rose oder dem Kristall im Licht des Vollmondes liegen, und du wirst vollkommene sinnliche Harmonie mit deinem Liebhaber erfahren.

TREUE-LIEBESKNOTEN

Wenn wir gemeinsam ein Schloss am Geländer einer Brücke befestigen und den Schlüssel in den Fluss werfen, dann ist das eine Geste, um zu sagen, dass wir uns unserem Partner auf ewig versprechen. In ähnlicher Weise besiegelt ein Knotenzauber ein gegenseitiges Versprechen, treu, loyal und ehrlich zu sein.

DU BRAUCHST

* eine Haarsträhne von dir
* eine Haarsträhne deines Partners, mit dessen Einverständnis (alternativ ein Gegenstand, den er kürzlich berührt hat, den du in dieses Buch legen kannst, z. B. eine Serviette, einen Brief, einen Geldschein)
* doppelseitiges Klebeband

Platziere deine Haarsträhne zusammen mit dem Gegenstand deines Partners in der Mitte des keltischen Liebesknotens (ein Symbol ewiger Treue) und schreibe dann den folgenden Spruch darunter. Sage ihn dabei laut auf, um eure Bindung zu festigen.

> *Mit diesem Knoten sei deine Liebe mein.*
> *Mit diesem Knoten sei meine Liebe dein.*
> *Mit dieser Locke soll unsere Liebe ewig sein,*
> *eine Liebeslocke unserer Treue.*

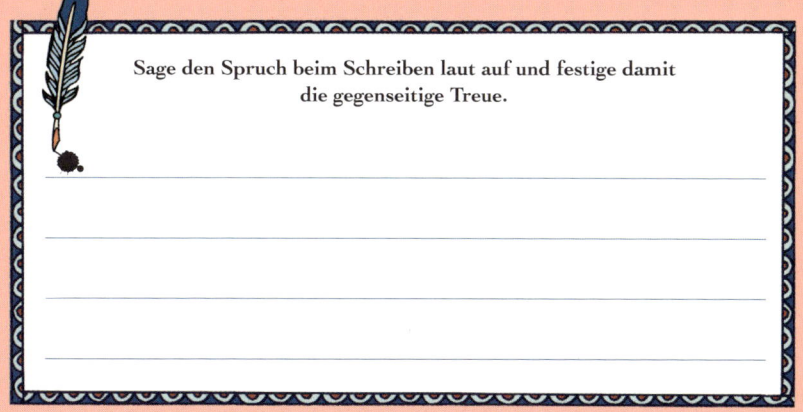

Hier befestigen

Sage den Spruch beim Schreiben laut auf und festige damit die gegenseitige Treue.

ER LIEBT MICH, ER LIEBT MICH NICHT ...

Als Kinder haben wir alle schon mal die Blätter eines Gänseblümchens abgezupft, um herauszufinden, ob jemand uns liebt oder nicht. Das Gänseblümchen ist ein Symbol wahrer Liebe und entpuppt sich bei genauerem Hinsehen als zwei Blumen, die zu einer verschmolzen sind.

Zeichne mehrere Gänseblümchen in den magischen Kreis auf der nächsten Seite. Wiederhole das Blumenmuster, bis es den gesamten magischen Kreis ausfüllt.

Schreibe »Er liebt mich, er liebt mich nicht« (oder »sie«, je nachdem, um wen es sich handelt) entlang des äußeren Kreisrandes, bis sich der Schriftzug zu einem Kreis schließt.

Schließe deine Augen und fahre mit dem Finger den Kreis nach, sowohl im Uhrzeigersinn als auch gegen den Uhrzeigersinn. Wenn du fühlst, dass der richtige Zeitpunkt gekommen ist, halte inne und öffne deine Augen — der Satz, bei dem dein Finger stoppt, wird dir die wahren Gefühle deines Geliebten verraten. Denke daran, dass Gefühle sich mit der Zeit auch ändern können, sei also nicht niedergeschlagen, wenn du nicht die erhoffte Antwort erhältst, und versuche es einfach morgen erneut.

Zeichne Gänseblümchen in das Innere des magischen Kreises.

Schreibe »Er liebt mich, er liebt mich nicht« entlang des
äußeren Kreisrandes. Schließe deine Augen und fahre mit dem
Finger den Kreis nach, halte inne, wenn es sich richtig anfühlt,
und finde heraus, welche Gefühle dein Geliebter
momentan für dich hegt.

DEN TRAUMPARTNER MANIFESTIEREN

Es kommt vor, dass wir eine sehr klare Vorstellung davon haben, was unseren »Traumpartner« ausmacht — das beginnt schon beim Aussehen und reicht über die Wertvorstellungen bis hin zum Job.

DU BRAUCHST

* ❋ eine weiße Kerze
* ❋ Schere
* ❋ durchsichtiges Klebeband

Nutze die Kraft deiner Vision, und manifestiere mithilfe dieses einfachen Zaubers diese besondere Person deiner Träume. Der Zauber zielt nicht darauf ab, eine ausgewählte Person anzuziehen, sondern eine bestimmte Art Mensch — eine Persönlichkeit, die deinen Idealvorstellungen und Werten entspricht. Wenn du wirklich an die Existenz dieser Persönlichkeit und an die Kraft des Zaubers glaubst, wird dieser Mensch auch in dein Leben treten.

Schreibe auf, welche Eigenschaften du suchst:

Aussehen

Stimme

Arbeitseinstellung

Charakterzüge

Eigenarten

Humor

Lebensstil

Weitere Merkmale, die dir wichtig sind — z. B. unternehmungs-
lustig, ansteckendes Lachen, gesellig usw.

Wenn du deine Liste vervollständigt hast, zünde die Kerze an und
lasse sie zwei Minuten brennen, während du deine Liste immer und
immer wieder wiederholst. Trenne den Papierstreifen am Seitenrand
mit der Schere ab, lege ihn um dein Handgelenk und klebe die Enden
zu einem Armband zusammen. Trage dieses zwischen Neu- und
Vollmond, und dein Traumpartner wird in dein Leben treten.

MEINEN
TRAUMPARTNER
MANIFESTIEREN

LOSLASS-ZAUBER

Manchmal ist es nötig, die Vergangenheit hinter sich zu lassen, emotionalen Ballast abzuwerfen und einen Neuanfang zu wagen. Dieser Zauber wird dich von dem befreien, was du loslassen möchtest, und dir einen Neuanfang ermöglichen — sei es mit einem neuen Menschen an deiner Seite oder auf eigene Faust. Führe diesen Zauber bei abnehmendem Mond (zwischen Voll- und Neumond) durch, die Energien in dieser Phase erleichtern es, Menschen gehen zu lassen und loszulassen.

DU BRAUCHST

* eine grüne Kerze (stärkt die Bereitschaft, loszulassen)

Zeichne einen Kreis um jeden der fünf abgebildeten Kristalle. Zünde deine Kerze an und schaue dir einen Kristall nach dem anderen an, während du dich auf die Beschriftungen der Schilder konzentrierst. Zeichne dann einen Knoten oder eine Schleife an jeden Kreis — ein symbolischer Akt des Abschließens. Dazu sage jedes Mal:

Lasten seien nicht mehr mein,
seid verbannt, so soll es sein.

Zeichne einen Kreis
um jeden der fünf
abgebildeten Kristalle.
Zeichne anschließend
einen Knoten oder
eine Schleife an jeden
Kreis.

ONYX
Akzeptanz

MILCHQUARZ
Neuanfang

MALACHIT
Loslassen

CITRIN
Aufbruch

ROSENQUARZ
Selbstliebe

Was möchtest du hinter dir lassen?

_____

_____

*Sehr bald wirst du feststellen, dass deine Vergangenheit dich nicht mehr
zurückhält und du ohne Altlasten in die Zukunft starten kannst.*

WOHLSTAND &
ÜBERFLUSS

KAPITEL

3

Die Tatsache, dass im Wort Überfluss
das Verb überfließen steckt, deutet
bereits darauf hin, dass das richtige
Maß hier entscheidend ist.

Wir alle wünschen uns ein Leben im Überfluss. Aber was genau möchten wir gerne im Überfluss genießen und wie viel ist genug? Überfluss braucht Maß. Du wünschst dir mehr Geld, aber was genau ist »mehr«? Du hättest gerne mehr Energie, aber wie viel?

Du wünschst dir vielleicht Frieden, Großzügigkeit oder Akzeptanz im Überfluss. Egal in welchem Bereich du dir diesen Überfluss wünschst, überlege dir, in welchem Maße, bevor du die Zauber in diesem Kapitel anwendest.

Lautet dein Wunsch zum Beispiel »Ich möchte mehr Geld haben«, formuliere ihn stattdessen konkreter: »Ich wünsche mir 5000 € in den nächsten sechs Monaten«. Wenn du dich mit konkreten Wünschen an das Universum wendest, kann es dir auch dabei helfen, sie zu erfüllen.

WOHLSTANDS-ZAUBER

Während der Renaissance entwickelte der Astrologe und Magier Cornelius Agrippa sechzehn mystische Figuren. Er bezog sich dabei auf eine uralte Form des Hellsehens, die Geomantie. Darunter verstand man die Kunst des Interpretierens von durch natürliche Einflüsse in Erde oder Sand entstandenen Mustern. Jede der sechzehn Figuren steht für eines dieser Muster, und jede der magischen Figuren birgt die Magie der Erde in sich.

DU BRAUCHST
✿ **bunte Stifte**

Die rechts abgebildete Form ist die Acquisitio-Figur, sie ist ein glückbringender Talisman und ein magischer Helfer, um finanziellen Wohlstand anzuziehen.

Male die Acquisitio-Figur auf der nächsten Seite aus. Schreibe über das Symbol deinen Namen und beschreibe mit ein paar Worten möglichst präzise, wie wohlhabend du sein möchtest. Schreibe dann unter das Symbol:

Voller Dankbarkeit

Meditiere täglich einige Minuten über diesem Symbol und sage dir selbst immer wieder:

Ich schicke dem Universum meine Dankbarkeit und werde so wohlhabend sein, wie ich es wünsche.

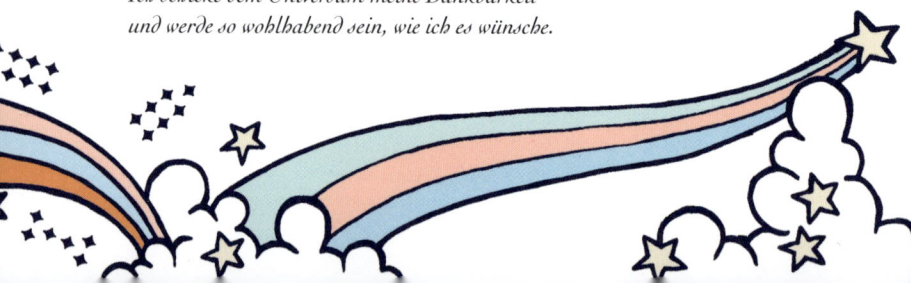

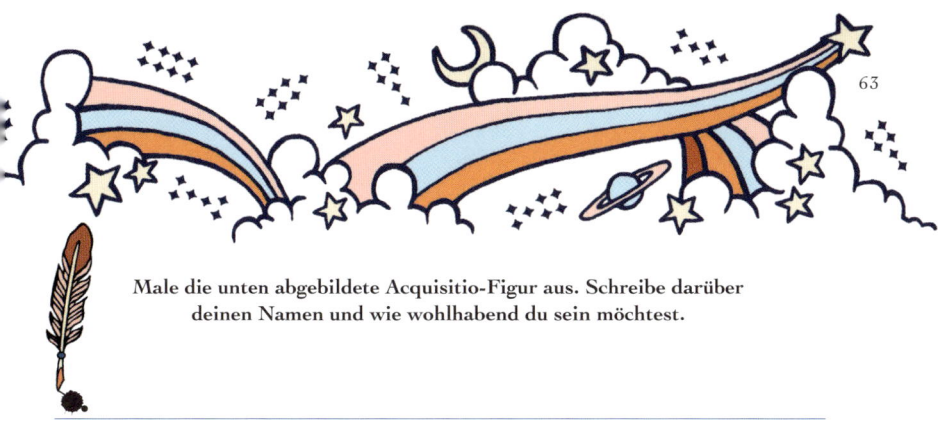

63

Male die unten abgebildete Acquisitio-Figur aus. Schreibe darüber
deinen Namen und wie wohlhabend du sein möchtest.

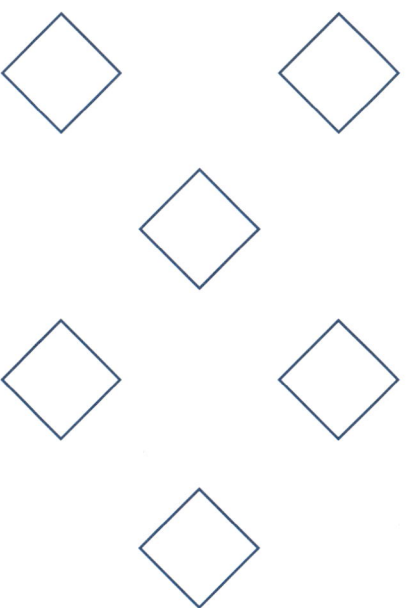

Schreibe unter das Symbol »Voller Dankbarkeit«.

HINDERNISSE ÜBERWINDEN

Wir können materiellen Reichtum erlangen, aber auch unser Verstand, Körper und Geist sind wahre Quellen des Reichtums. Der Weg zu innerer Ruhe ist häufig durch Hindernisse versperrt. Die Karte auf der nächsten Seite zeigt eine Insel, die gespickt ist mit Gefahren. Dieser Zauber wird dich in die Lage versetzen, jegliche Hürden und Probleme zu überwinden, die dir auf der Suche nach deinem Schatz — Glück und Glückseligkeit — begegnen mögen.

Auf der abgebildeten Insel sind ein Ausgangspunkt (Ankerplatz des Schiffs) und eine Schatztruhe eingezeichnet. Die Karte zeigt außerdem fünf Gefahren (sie symbolisieren die vier Elemente und das mystische fünfte Element):

- tiefe Seen
- staubtrockene Wüste
- angsteinflößender Skorpion
- hohe Bergkette
- ausbrechender Vulkan

Beginne am Schiff und zeichne eine Linie, die über die Insel verläuft und dabei die einzelnen Gefahren passiert. Schreibe in jede der Gefahrenzonen ein Wort, das ein Hindernis in deinem Leben repräsentiert.

Sobald du bei der Schatztruhe angekommen bist, schreibe dorthin, welcher Schatz dir wahren geistigen, körperlichen und spirituellen Reichtum bescheren wird.

Nachdem du diesen magischen Inselzauber vollzogen hast, werden sich alle Hindernisse auf deinem Weg zum Reichtum überwinden lassen.

Zeichne eine Linie vom Schiff bis zur Schatztruhe, die alle fünf Gefahrenzonen durchquert.

GLÜCKSBRINGER-ZAUBER

Glück kann uns in den verschiedensten Formen begegnen — im Großen wie im Kleinen. Wenn du allerdings das Glück besonders anziehen möchtest, kannst du die altgriechische Göttin Tyche anrufen. Tyche, die Tochter der Aphrodite und des Zeus, wurde als Schicksalsgöttin angebetet. In mittelalterlichen Kunstwerken wird sie häufig zusammen mit dem Rad des Schicksals dargestellt.

DU BRAUCHST

* ❀ eine weiße Kerze (steht für die Kraft der Göttin)
* ❀ eine rote Kerze (steht für deinen Wunsch)
* ❀ eine gelbe Kerze (steht für Glück)
* ❀ eine schwarze Kerze (schützt und erdet dich)

In einer Nacht mit zunehmendem Mond entzünde die Kerzen in der folgenden Reihenfolge und positioniere sie auf sicherem Untergrund um dein Buch herum: die weiße Kerze auf der Nordseite deines Buches, die rote Kerze auf der Westseite, die gelbe Kerze auf der Ostseite und die schwarze Kerze hinter dir. Lies den an Tyche gerichteten Zauberspruch laut vor. Um deine Bitte an die Göttin zu übersenden, puste die Kerzen in der gleichen Reihenfolge aus, in der du sie angezündet hast.

Tyche, beschere mir des Glückes Gaben,
Glück sei mir hold auf meinen Pfaden.
Das Rad spinnt des Schicksals Faden fein,
Tyche, was du mir bescherst, möge Gutes sein.

Was möchtest du mit diesem Zauber bewirken?
In welchen Lebensbereichen möchtest du das
Glück anziehen?

Sehr bald wird dir das Glück hold sein.

EIN MAGISCHES LEBEN MANIFESTIEREN

In magischen Kreisen haben wir eine Redensart: »Was man sät, das wird man ernten.« Wenn wir mit Überzeugung visualisieren, was uns glücklich, erfüllt und zufrieden macht, und fest daran glauben, dann wird es auch in unser Leben treten. Das Universum gibt an uns zurück, was wir aussenden — dies ist der Schlüssel zur Wunschmanifestation.

DU BRAUCHST
* bunte Stifte
* Bilder
* durchsichtiges Klebeband

Was uns glücklich macht, ist von Mensch zu Mensch verschieden — für die einen ist es mehr Spaß im Leben, für die anderen ein guter Job, eine liebe Familie oder innerer Frieden.

Sitze mindestens zwanzig Minuten lang in Stille da und denke darüber nach, was dich glücklich macht — versuche diese Dinge vor deinem inneren Auge so klar zu visualisieren, wie du kannst, sei dabei so konkret wie möglich.

Zeichne anschließend die Dinge, die dir ein Lächeln ins Gesicht zaubern, auf die nächste Seite oder suche dir Bilder, die du dort aufkleben kannst. Fülle die ganze Seite im Stil einer Collage. Vielleicht brauchst du ein paar Abende, bis du fertig bist, aber je mehr du in dein Glück investierst, desto mehr Glück wird das Universum an dich senden.

MONDSAAT

*Dieser Zauber bringt Reichtum in die verschiedensten
Bereiche deines Lebens. Benenne konkret, was du in
deinem Leben wachsen lassen möchtest.*

Das Säen steht symbolisch für das Streben nach Wachstum.
Für diesen Zauber werden die folgenden Dinge im Laufe eines
Mondzyklus symbolisch ausgesät: Eicheln für Wachstum, Münzen
für Reichtum und Kristalle für Schutz.

Die Illustrationen auf der nächsten Seite zeigen fünf Mondphasen.
Beginne mit dem abnehmenden Mond und schreibe die folgenden
Sprüche während der entsprechenden Mondphase unter die zuge-
hörige Illustration.

Abnehmende Sichel:
Ich säe Rauchquarz, um der Verschwendung abzuschwören.

Neumond:
Ich säe schwarzen Turmalin, um meine Interessen zu schützen.

Zunehmende Sichel:
Ich säe diese Eichel, um meine Wünsche zu erden.

Zunehmender Halbmond:
Ich säe eine Münze, um meine Wünsche zu mehren.

Vollmond:
Ich säe zwei Münzen, um schnellen Wohlstand anzuziehen.

*Wie bei jeder Saat dauert es auch bei diesem Zauber
eine gewisse Zeit, bis die ersten Ergebnisse sichtbar werden.
Das bedeutet jedoch nicht, dass sich gar nichts tut.
Die ersten Triebe werden sich nach und nach zeigen.*

Schreibe den entsprechenden Zauber in die Wolke unter der aktuellen Mondphase.

ABNEHMENDE SICHEL

NEUMOND

ZUNEHMENDE SICHEL

ZUNEHMENDER HALBMOND

VOLLMOND

GELDMAGNET SONNE

Sonnenenergie wird seit jeher mit Königen, Reichtum, Glamour, Ruhm, Gold, Diamanten und dem großen Geld verknüpft. Dieser einfache Zauber ermöglicht es dir, Geld anzuziehen. Es mag vielleicht nicht über Nacht passieren, aber durch das Tragen des aufgeladenen Sonnensteins potenzierst du sämtliche Gelegenheiten zum Geldverdienen, die sich dir bieten.

DU BRAUCHST

* Sonnenstein, den du in einem Beutel oder als Schmuckstück bei dir tragen kannst

Schreibe jede Zeile des Zaubers in einen der sieben Sonnenstrahlen. Um seine anziehende Wirkung auf Geld zu aktivieren, platziere den Sonnenstein in der Mitte der Sonne, lege deine Hände darum und sage den Spruch siebenmal laut auf. Trage den Stein anschließend stets bei dir.

Im Stein wohnt das Geschenk der Sonne,
der sieben Strahlen und sieben Throne,
der sieben Nächte und sieben Tage,
der sieben Linien und sieben Pfade,
der sieben Mächte und sieben Schätze,
der sieben Götter und sieben Hexen,
die mir das Licht zuspiel'n.

Schreibe jede Zeile des Zaubers in
einen der sieben Sonnenstrahlen.

BERUFUNG & LEBENSSTIL

KAPITEL

*Reichtum und Wohlstand sind schön
und gut, aber weise Hexen wissen,
wie wichtig es ist, eine wahre
Berufung zu finden.*

Du stehst an einem Scheideweg in deinem Leben und weißt nicht, in welche Richtung du dich wenden sollst? Bevor du eine solche Entscheidung triffst, solltest du dir bewusst machen, was dich wirklich mit Leidenschaft erfüllt und dir das Gefühl gibt, etwas Sinnvolles zu tun.

Einige von uns wurden vielleicht durch Druck vonseiten der Eltern, der Familie oder auch aufgrund unserer Noten in unsere aktuellen Berufe gedrängt. Eine Berufung ist dagegen etwas — wie das Wort bereits sagt —, zu dem du dich berufen fühlst, das regelrecht nach dir ruft. Möglicherweise wirst du dieses Rufen jahrelang gar nicht wahrnehmen, bis dir schließlich bewusst wird, dass in deinem Leben etwas fehlt, und du plötzlich empfänglich für das Rufen wirst. Wenn es bisher noch nicht zu dir durchgedrungen ist, dann ermutige deine Berufung — den göttlichen Funken in dir selbst —, zu dir zu finden.

Die Zauber in diesem Kapitel helfen dir dabei, den Lebensstil oder Lebenssinn zu finden, den du suchst.

NEUANFANGSZAUBER

Wenn du einen Scheideweg in deinem Leben erreichst, kann es nötig sein, die Vergangenheit zu bannen, bevor du den nächsten Schritt in deine Zukunft tun kannst. Indem du symbolisch die Vergangenheit hinter dir lässt, kannst du furchtlos in deine Zukunft schreiten.

DU BRAUCHST

* ✤ **eine goldene Kerze**
* ✤ **eine silberne Kerze**

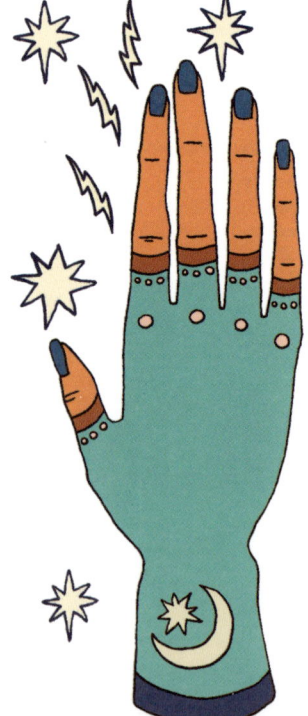

In der Welt der Magie verstehen wir uns als Brücken zwischen Vergangenheit und Zukunft. Dein gegenwärtiges Ich muss vor jeglicher Negativität aus deiner Vergangenheit geschützt werden, damit ein Neuanfang gelingen kann.

Schreite im Uhrzeigersinn einen Kreis ab und ziehe dabei mit deiner Schreibhand einen magischen Kreis um dich.

Währenddessen sage den folgenden Zauberspruch:

*Der mag'sche Kreis ist Schutz zwischen zwei Welten.
Was war, das war, und das entlasse ich.
Was kommt, das komme, und das erfülle mich.
Neu beginne ich auf neuen Wegen.*

Zünde eine goldene und eine silberne Kerze an, um deiner Bitte an das Universum mehr Nachdruck zu verleihen. Widme dich gedanklich für ein paar Minuten deinen Zukunftsplänen, bevor du die Kerzen auspustest.

Notiere deine Gedanken, nachdem du diesen Zauber durchgeführt hast. Was lässt du hinter dir? Wohin führt dich dein Weg?

DER SCHUTZ DES HORUSAUGES

Das Horusauge ist ein altägyptischer Schutztalisman. Einst das Zeichen der Schlangengöttin Wadjet — der Schutzgöttin des Königs, von Ägypten und der gebärenden Frauen —, wurde es in späteren ägyptischen Mythen dem Himmelsgott Horus zugeschrieben.

DU BRAUCHST

* ❀ **eine rote Kerze**
* ❀ **drei Tigeraugen oder drei goldene Ringe**
  (symbolisieren und stärken positive Energie)

Unabhängig davon, ob du dich gerade in einer Umbruchphase befindest, weil du deinen Lebensstil umkrempeln möchtest, oder ob du dein Leben weiterhin so genießen möchtest, wie es gerade ist, dieser Zauber schützt dich vor negativen Einflüssen.

Zünde die Kerze an und lege die drei Objekte in die Mitte des Auges auf der nächsten Seite. Schreibe diesen Spruch rund um das Auge.

> *Durch dieses Auge ist meine Sicht ungetrübt.*
> *Durch dieses Auge ist meine Furcht im Geist versiegt.*
> *Durch dieses Auge bin ich sicher auf jedem Pfade.*
> *Durch dieses Auge bin ich voller Kraft an jedem Tage.*

Entferne einen Kristall bzw. Ring nach dem anderen und wiederhole dabei jedes Mal den Spruch. Besiegle den Zauber mit einem Tropfen roten Kerzenwachses, das du auf das Horusauge tropfst, bevor du die Kerze auspustest. Lass das Wachs auskühlen und fest werden, bevor du das Buch zuklappst!

Schreibe den Zauberspruch rund um das Auge.

BERUFSWEGWEISER

Jedem Himmelskörper wird in der astrologischen Magie ein bestimmtes Berufsfeld zugeordnet.

DU BRAUCHST

✳ bunte Stifte

Wähle aus der untenstehenden Liste das Feld, das deinem Traumberuf am nächsten kommt, und zeichne das zugehörige Symbol in den Kreis auf der nächsten Seite.

♂	Mars	Unternehmerin oder Firmenchefin
♀	Venus	Modedesignerin oder Kosmetikerin
☿	Merkur	Journalistin oder Linguistin
☽	Mond	Krankenschwester oder Köchin
☉	Sonne	Fernsehmoderatorin oder Lehrerin
♃	Jupiter	Reiseschriftstellerin oder Försterin
♄	Saturn	Wohnungsmaklerin oder Innenarchitektin
♅	Uranus	Wissenschaftlerin oder Programmiererin
♆	Neptun	Geistheilerin oder Musikerin
♇	Pluto	Psychotherapeutin oder Spionin

Lies nun den folgenden Spruch laut vor:

Meine Berufung, hier steht sie geschrieben,
Erfolg ist dabei mein stetes Bestreben.
Auf diese Bestimmung lege einen schützenden Segen.

Male dein gewähltes Symbol mit einer Farbe aus, von der du denkst, dass sie dich oder deine zukünftige Berufung repräsentiert, und konzentriere deine Gedanken dabei auf diese bestimmte Laufbahn.

Zeichne dein ausgewähltes Symbol in die Mitte des Kreises und male es farbig aus.

Beschreibe hier deinen Traumberuf:

_Die positiven Kräfte, die du soeben in dein Leben gerufen hast, werden dich dabei
unterstützen, deiner Berufung nachzugehen._

MAGISCHE PRIORITÄTENLISTE

Die auf der nächsten Seite abgebildete magische Figur ist in der magischen Geomantie des Mittelalters als Tristitia bekannt. Obwohl sie auch ein Symbol der Trauer sein kann, verkörpert sie gleichermaßen Stabilität. Sie steht dafür, ein solides Fundament zu schaffen, Prioritäten festzuklopfen und Kräfte zu sammeln.

Denke an die drei Dinge, die du in deinem Leben momentan am dringendsten brauchst. Ordne jedem deiner Wünsche eins der Symbole auf der nächsten Seite zu: Eicheln, Sonne oder Schmetterling. Verbinde jedes Symbolpaar mit einer goldenen Linie. Gold steht für Wachstum und die Fähigkeit, eine Situation zu analysieren, statt bloß auf sie zu reagieren.

Während du die erste Linie ziehst, sage:
Meine erste Priorität ist ...

Während du die zweite Linie ziehst, sage:
Meine zweite Priorität ist ...

Während du die dritte Linie ziehst, sage:
Meine dritte Priorität ist ...

Schreibe deine Prioritäten auf die goldenen Linien.

DU BRAUCHST
❀ **einen Goldstift**

Wähle für jede deiner drei Prioritäten eines der unten
abgebildeten Symbole. Verbinde die Paare mit einer goldenen
Linie und schreibe deine Prioritäten auf die Linien.

Nun hast du deine Prioritäten auf ein solides Fundament gestellt
und kannst dich mit neu gewonnener Konzentration und Klarheit
deiner Zukunft zuwenden.

DAS LEBEN MEINER TRÄUME

Wie sieht es aus, das Leben deiner Träume? Wünschst du dir, unbekümmert die Welt zu bereisen, ewig zu studieren oder eine Familie zu gründen? Beginne jetzt damit, es zu visualisieren. Sobald du diesen Prozess angestoßen hast, wirst du dabei zusehen können, wie es nach und nach Wirklichkeit wird.

DU BRAUCHST

* **Bilder**
* **durchsichtiges Klebeband**

Kreiere auf der nächsten Seite dein persönliches Moodboard. Entscheide zuerst, wie das Leben aussieht, das du dir wirklich wünschst, und beginne dann, Bilder zu sammeln, die diese Lebensweise symbolisieren. Wähle Bilder von Luxusartikeln, wenn du dir einen opulenten Lebensstil wünschst; pflücke einen Grashalm oder klebe ein gepresstes Blatt ein, wenn du dir ein naturverbundenes Leben wünschst; verwende Fotos von Seen, Schneelandschaften, Wildtieren, wenn du dir wünschst, die Welt zu durchstreifen, und so weiter. Klebe die Bilder entlang der Seitenränder auf, wenn du etwa die Hälfte des Platzes gefüllt hast, schreibe den Zauberspruch auf die Zeilen in der Mitte. Klebe nun weitere Bilder rund um den Spruch, um deinen Wunsch zu besiegeln. Sage den Spruch immer bei Vollmond laut auf, bis sich die Veränderungen in deinem Leben eingestellt haben, die du dir aus tiefstem Herzen wünschst.

Meine Wünsche und Träume, kristallklar vor mir,
kraft meiner Magie lösen sie sich vom Papier.
Ein erträumtes Leben, bewusst erwählt,
auf dass es an nichts darin fehlt,
das Universum verbündet an meiner Seite ficht,
bringt die Träume vom Reißbrett ans Licht.

STÄRKE DAS BESTE IN DIR

Bevor du diesen Zauber durchführst, überlege dir, welchen Charakterzug du an dir stärken möchtest. Möchtest du spiritueller sein, Lebensfragen souveräner begegnen oder selbstsicherer auftreten? Denke an deine besten Eigenschaften — welche möchtest du weiter vertiefen oder stärken?

DU BRAUCHST

* **einen roten Stift (verstärkt die Energie des Feuers und verleiht den Wünschen mehr Kraft)**

Wenn du dich für eine Charaktereigenschaft entschieden hast, behalte sie im Kopf, während du diesen Knotenzauber durchführst. Knotenzauber sind sehr mächtige und hochwirksame Zauber, die den Blick schärfen und Vorsätze besiegeln.

Schreibe jede Zeile des Zaubers auf ein Teilstück des goldenen Bandes. Wenn du einen der Knoten erreichst, sage die Zeile laut auf.

Knoten eins, was gewünscht sei meins.
Knoten zwei, falscher Schein zieh' vorbei.
Knoten drei, mein Wille sei frei.
Knoten vier, ich öffne die Tür.
Knoten fünf, Kraft wächst in mir.
Knoten sechs, mein Ziel steht fest.
Knoten sieben, den Verstand kann nichts trüben.
Knoten acht, dem Weg folg' ich bedacht.
Knoten neun, nun erstrahle
mein Schein.

FINDE DEINEN LEBENSWEG

Manchmal wissen wir nicht, in welche Richtung wir mit unserem Leben steuern oder welchen Weg wir einschlagen sollen. Aber wie sollst du auch wissen, in welche Richtung deine nächsten Schritte führen, wenn du gar nicht weißt, wer du wirklich bist und welches Potenzial in dir steckt? Dieser Zauber hilft dir dabei, zu entdecken, was dir in deinem Leben wirklich wichtig ist.

DU BRAUCHST

❀ **ein Foto oder Bild von dir**

Auf der nächsten Seite ist die Tarotkarte *Die Welt* abgebildet. Diese Karte symbolisiert vollkommene Erfüllung und das Gefühl, mit der Welt im Reinen zu sein und den eigenen Weg in aller Deutlichkeit vor sich zu sehen. Sie hat positiven Einfluss auf Entscheidungsprozesse, Richtungswechsel im Leben und deine Zukunft.

Klebe ein Bild von dir auf die Tarotkarte.
Sage dabei:

Das Strahlen der Sonne lässt in mir die Lebensfreude erstrahlen.
Das Leuchten des Mondes erleuchtet meinen Weg.
Die Drehung der Erde lenkt mich in die richtigen Bahnen.
Die Stimme des Universums lässt auch meine Stimme erklingen.

Schreibe den Spruch unter die abgebildete Tarotkarte, und beim nächsten Vollmond wird sich dir dein Lebensweg offenbaren.

ZUHAUSE & WOHLBEFINDEN

KAPITEL

5

Diese Zauber schützen dein Zuhause und deine
Familie. Sie helfen dir, deine Sorgen abzulegen, ein
spannungsfreies Familienleben zu führen und auch
die Beziehungen zu verbessern, in denen es
momentan nicht so reibungslos läuft,
wie du es dir wünschst.

Unser Zuhause ist unser Rückzugsort, an dem wir uns sicher und geborgen fühlen möchten. Die Zauber in diesem Kapitel dienen dem Schutz deines Zuhauses, deiner Familie und auch deines eigenen Seelenzustands. Dein Wohlergehen ist ein Zusammenspiel deiner eigenen mentalen und emotionalen Verfassung und deiner Umgebung — wenn du das richtige Gleichgewicht zwischen dir und deinem Zuhause findest, dann verbessert sich auch dein allgemeines Wohlbefinden.

In diesem Kapitel wird auch die alte chinesische Harmonielehre Feng-Shui eingeführt. Feng-Shui ist ein machtvolles Werkzeug, um deine Energien mit denen deines Zuhauses, deiner Wünsche und der dich umgebenden Welt in Einklang zu bringen.

HARMONIEZAUBER FÜR ZU HAUSE

Die alchemistische Tradition des Westens kennt vier Elemente: Feuer, Erde, Luft und Wasser. Die zugehörigen Symbole sind unten abgebildet. Um eine ausgeglichene, positive Energie in unserem Zuhause zu erreichen, können wir die Kraft dieser Elemente nutzen und Harmonie um uns herum erzeugen.

DU BRAUCHST

❋ **vier Kerzen: gelb für Luft, blau für Wasser, rot für Feuer, grün für Erde**

Luft

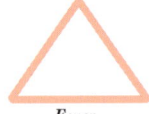

Wasser

Feuer

Erde

Beginne damit, alle Zimmer in deinem Zuhause mit deinem Zauberbuch in der Hand abzugehen. Stelle dich in die Mitte des Zimmers, betrachte die Symbole und zeichne sie in die Luft. So belegst du das Zimmer selbst mit einem Zauber und erweckst es mit den Schwingungen der Symbole zum Leben.

Entzünde die vier Kerzen und ordne sie im Viereck auf einem Tisch an.

Vervollständige die Abbildung auf der nächsten Seite, indem du die Elementsymbole in der folgenden Anordnung auf die weißen Flächen zeichnest: Wasser im Norden, Feuer im Süden, Luft im Osten und Erde im Westen.

Schreibe anschließend diesen Zauberspruch auf die Zeilen darunter:

Harmonie erfüllt jeden Winkel in meinem Heim mit der Kraft von Feuer, Erde, Luft und Wasser allein.

Zum Schluss puste die Kerzen aus. Die positiven Energien, die du heraufbeschworen hast, potenzieren sich so noch weiter und breiten sich bis in den letzten Winkel deines Zuhauses aus.

Zeichne die Elementsymbole in der folgenden Anordnung auf diese Seite: Wasser im Norden, Feuer im Süden, Luft im Osten und Erde im Westen.

ZAHLENMAGIE ZUM SCHUTZ DER FAMILIE

Es heißt, der alte taoistische Gott des Glücks Tianguan sei am fünfzehnten Tag des ersten Mondmonats des chinesischen Kalenders geboren worden. Noch heute wird zu seinen Ehren an diesem Tag das Laternenfest gefeiert. Es ist ein Fest der fröhlichen Begegnungen und soll der ganzen Familie Glück bringen. Die Summe der Zahlen in diesem magischen Quadrat beträgt in jeder Reihe fünfzehn — in waagerechter, senkrechter und diagonaler Richtung —, so wird die Kraft des fünfzehnten Tages im Quadrat gebündelt und bringt all denen Glück, deren Namen in das Quadrat eingetragen werden.

Schreibe die Namen von dir und deiner Familie in die Kästchen auf der nächsten Seite. Der erste Buchstabe deines Namens kommt in das Kästchen mit der Nummer 1, der nächste Buchstabe in das Kästchen mit der Nummer 2 und so weiter. Nachdem du deinen Namen vervollständigt hast, beginne den nächsten Namen im Kästchen mit der darauffolgenden Zahl. Wenn alle Kästchen voll sind, schreibe den nächsten Buchstaben wieder in Kästchen 1.

Angenommen dein Name ist Jana, dein Partner heißt Erik und deine Tochter Ella, dann beginnst du mit dem ersten Buchstaben deines Namens, also mit J, und schreibst diesen in das Kästchen mit der Nummer 1. Danach schreibst du das A neben die 2, N neben die 3 und dann A neben die 4. Mit dem E aus Erik fährst du dann im Kästchen mit der Nummer 5 fort, danach schreibst du R zur 6, I zur 7, K zur 8, das E aus Ella zur 9, das L kommt neben dein J in Kästchen 1, L neben dein A zur 2 und A neben dein N zur 3.

Wenn du das magische Quadrat ausgefüllt hast, wiederhole die Namen jedes Familienmitglieds jeweils fünfzehnmal, um die Magie des Glücksgottes in dein Leben zu rufen.

Trage die Namen deiner
Familie in das magische
Quadrat ein.

4	9	2
3	5	7
8	1	6

*Wenn du alle Namen in das Quadrat eingetragen hast, besiegle
deinen Familienschutzzauber, indem du den Rand rund um
das Quadrat bemalst und dem Universum für seinen Segen dankst.*

DER SCHUTZ DER AHNEN

Seit Tausenden von Jahren wird in verschiedenen Kulturen und Gesellschaften zu den Ahnen gebetet, um ihren Schutz zu erbitten. Diese einfache Übung weckt die Kraft der Geister deiner Ahnen und eignet sich perfekt, um das Wohlergehen deiner Familie zu schützen.

DU BRAUCHST

* das Foto eines Vorfahren
* eine weiße Kerze
* durchsichtiges Klebeband
* schwarzen Obsidian

Wähle zuerst ein Foto von einem deiner verstorbenen Vorfahren aus — eine Person, die du besonders gemocht, bewundert oder respektiert hast. Der spirituelle Schutz nur eines mächtigen Ahnen ist bereits stark genug, aber du kannst so viele anrufen, wie du magst, um den Schutz noch weiter zu verstärken.

Entzünde die weiße Kerze in einer Vollmondnacht, um dein Zuhause mit spiritueller Energie zu füllen. Klebe dann das Foto auf die nächste Seite und schreibe den Namen des Vorfahren darunter. Unter den Namen schreibe:

Ich segne dich, [Name des Vorfahren], *deinen Geist und deine Seele.*

Schreibe auf die Zeilen am unteren Seitenrand:

Bitte segne auch du meinen Geist und meine Seele und schütze mich vor allem Schlechten.

Lege den Obsidian über Nacht auf das Foto, damit er die schützenden Energien in sich aufnimmt. Trage den Stein danach immer bei dir, und der Schutz der Ahnen wird dich stets begleiten.

Klebe das Foto deines Vorfahren auf diese Seite. Schreibe den Namen der Person und den Segen darunter. Schreibe deine Bitte auf die Zeilen am unteren Seitenrand.

Foto hier
befestigen

DER BAUM DES LEBENS

Der Baum des Lebens ist ein bekanntes Symbol für Wachstum, Gesundheit und Erfolg, das in vielen verschiedenen Traditionen vorkommt. So ist der Lebensbaum in der keltischen Mythologie als »Crann Bethadh« bekannt, der die Verbindung zwischen der göttlichen und der irdischen Welt bildet. In jeder Kultur gilt der Baum des Lebens als Quelle der Lebenskraft, Gesundheit und des Glücks.

Schreibe in jedes der Blätter an diesem Baum des Lebens ein Wort oder einen kurzen Satz, der beschreibt, was dich glücklich macht – sei es auf spiritueller, emotionaler, körperlicher oder geistiger Ebene. Dies ist eine Geste der Dankbarkeit, aber auch eine Bitte an das Universum. Male die Blätter aus und schreibe dann den Zauberspruch auf die Zeilen unten:

Mein Wohlbefinden und mein Glück wachsen mit den Ästen dieses Baumes.
Meine Ziele und Intentionen sind geschützt durch die Wurzeln dieses Baumes.
Ich werde erreichen, was immer ich mir vornehme.
So soll es sein.

DU BRAUCHST
❀ **bunte Stifte**

Fülle die Blätter mit Wörtern, die beschreiben, was dich glücklich macht.
Male die Blätter aus.

DER ZAUBERSPIEGEL

Natürliche Materialien mit reflektierender Oberfläche, wie Obsidian, Bronze oder Silber, werden in okkulten Kreisen seit langer Zeit als Hilfsmittel in der Wahrsagerei eingesetzt. Was man in einem Spiegel sieht, ist selbstverständlich nicht alles wahr, aber alles, was er spiegelt, das verstärkt er. In der Hexenarbeit steigern Spiegel die Kraft eines Zaubers und übertragen ihre Kraft auf die Dinge, die sich in ihnen spiegeln. Dieser Zauber bringt mithilfe eines Spiegels positive Energie in dein Zuhause, streut diese und verbessert so familiäre Beziehungen.

DU BRAUCHST

✿ **einen Handspiegel**

Lade deinen Spiegel zunächst mit der Kraft der Sonnenenergie auf, indem du ihn von Sonnenaufgang bis Sonnenuntergang an einen schattigen Platz in der Nähe eines Fensters legst. Lege ihn NICHT direkt ins Sonnenlicht, da sonst Brandflecken und sogar größere Feuerschäden oder Verletzungen am Auge entstehen könnten, wenn jemand direkt hineinschaut.

Abends, wenn die Zeit für deinen Hexenzauber gekommen ist, lege den Spiegel mit dem Glas nach unten auf die Abbildung der Sonne auf der nächsten Seite. Sage diesen Spruch auf:

> *Mein Sonnenlicht erstrahlt nun helle,*
> *Freude und Glück rollen an in einer Welle.*
> *Für meine Familie lasse Liebe einfließen,*
> *was mit guter Absicht gesät, das wird hier sprießen.*

Laufe mit dem Spiegel durch jedes einzelne Zimmer in deinem Zuhause und spiegle darin die Ecken, die Wände, die Türen — alles, was du auf deinem Weg passierst —, um das Haus mit Sonnenenergie zu tränken und an alle, die dort leben, Zufriedenheit und gute Wünsche zu senden.

Schreibe hier die Namen aller Personen auf, die in deinem Haushalt wohnen, zusammen mit einem positiven Gedanken zu jeder Person.

MEIN FAMILIAR-SCHUTZZAUBER

Ein Familiar ist ein Geist oder ein übernatürliches Wesen, das der Hexe bei ihrer magischen Arbeit hilft. Die Kirche im Europa des Mittelalters sah in Familiaren böse Kreaturen, aber eigentlich ist ein Familiar einfach ein Vertrauter und Freund. Dein Familiar könnte deine Katze sein, die mit in deinem Bett schläft, ein Schmetterling, der unverhofft auf deiner Schulter landet, oder das süße Pony, das auf der Weide am Ende der Straße steht.

DU BRAUCHST

* das Bild deines erwählten Familiars
* durchsichtiges Klebeband
* eine weiße Kerze (verstärkt positiven Schutz durch deinen Familiar)

Wenn du nicht bereits ein Haustier oder einen tierischen Freund hast, wähle eines der hier abgebildeten Tiere:

Katze, Hund, Ratte, Zaunkönig, Hase, Pferd, Goldfisch, Schlange

Suche dir ein Bild deines Haustieres oder des Tieres, das du aus der Liste oben gewählt hast. Wenn dein Familiar bisher noch keinen Namen hat, gib ihm einen eigenen Kosenamen. Klebe das Foto oder Bild auf die nächste Seite und vollziehe den folgenden Zauber. Entzünde die Kerze und ziehe einen magischen Kreis um das aufgeklebte Bild. Lasse einen Tropfen Wachs auf das Bild fallen, um deinen Zauber zu besiegeln. (Du kannst stattdessen auch etwas Wachs auf eine Untertasse träufeln, das erkaltete Wachs in Stücke brechen und eines davon auf das Bild kleben.)

Schreibe entlang der Außenseite des Kreises:

Mein Freund beschert mir Gelassenheit und Anmut, dank seines Schutzes bin ich stets wohlgemut.

Puste die Kerze aus, um die Verbindung mit deinem Familiar herzustellen. Dein Familiar wird dir seine Treue erweisen, wann immer du an ihn denkst oder seinen Kosenamen aussprichst.

Klebe das Bild
hier auf.

BAGUA-ZAUBER FÜR EIN HARMONISCHES ZUHAUSE

Die Grafik rechts mit den acht magischen Symbolen ist im Feng-Shui als »Bagua« bekannt. Richtet man den Grundriss seines Zuhauses danach aus, lässt sich ablesen, wo im Haus Kristalle platziert werden sollten, um förderliche Energien für den dazugehörigen Lebensbereich anzuziehen.

DU BRAUCHST

* ✿ **Pauspapier**
* ✿ **Milchquarz**

Zeichne einen Grundriss deines Zuhauses auf ein Pauspapier (für den Anfang kannst du dich auch auf dein Schlafzimmer beschränken). Finde heraus, in welche Richtung dein Zuhause oder Zimmer ausgerichtet ist und markiere die Himmelsrichtungen auf dem Plan.

Schreibe unter den Grundriss einen Bereich deines Lebens, der zu wenig Aufmerksamkeit bekommt. Vielleicht fällt deine Wahl auf einen der Lebensbereiche, die auf dem Bagua angegeben sind, z. B. »Beziehungen«.

Lege den Grundriss über das Bagua und richte ihn an den auf dem Bagua angegebenen Himmelsrichtungen aus (Norden auf Norden usw.).

Suche den von dir gewählten Lebensbereich auf dem Bagua und lese ab, welchem Bereich in deinem Zuhause dieser zugeordnet werden kann.

Sage:

> *Ich platziere diesen Kristall, um positive Energie in die* [Himmelsrichtung] *Ecke meines Zuhauses zu schicken.*

Aktiviere die Kraft des Kristalls, indem du ihn in den korrespondierenden Bereich deines Zuhauses legst.

Lege den Grundriss deines Zuhauses oder Zimmers über das Bagua und richte
dabei die angezeichneten Himmelrichtungen an denen auf dem Bagua aus.
Suche den von dir gewählten Lebensbereich und beachte, welcher Teil deines
Zuhauses/Zimmers mit diesem korrespondiert.

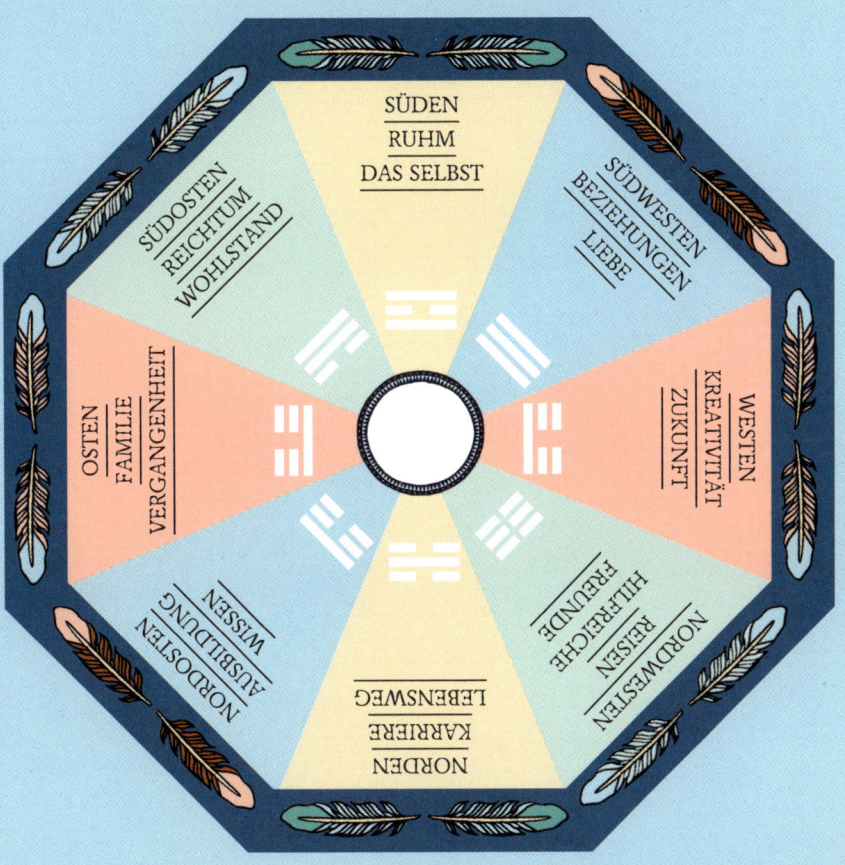

Bald wirst du merken, dass Harmonie, Frieden und Ausgeglichenheit
in diesen Bereich deines Lebens einziehen.

ERFOLG & KREATIVITÄT

KAPITEL

6

Unabhängig davon, was Erfolg für dich persönlich bedeutet, er liegt immer in deiner Hand.

Die meisten von uns wünschen sich Erfolg sowohl in der Karriere als auch im Privatleben. Bei einigen kommen noch spirituelle Ambitionen, romantische Ziele oder ein Talent hinzu, das kreativ ausgelebt werden will. Jeder Mensch hat eine andere Auffassung davon, was wahren Erfolg ausmacht. Glaube also nicht, du müsstest Millionärin, Star oder Politikerin sein, um ein erfolgreiches Leben zu führen.

In dem Wort Erfolg steckt das Verb »folgen«, ein Hinweis darauf, dass er nicht etwa aus dem Nichts entsteht, sondern immer die Folge von etwas ist. Wer also erfolgreich sein möchte, der muss bereit sein, die Arbeit zu investieren, aus der sich schließlich der Erfolg ergibt. Diese Zeit — in der du kreieren, wirken und Dinge aktiv in die Hand nehmen kannst, um deine persönlichen Ziele zu erreichen —, das ist Magie.

MAGISCHE MOTIVATION

Manchmal wirkt eine Aufgabe so unlösbar, dass es einfacher erscheint, sich auf einem Besen in die Lüfte zu schwingen, als die Aufgabe zu bewältigen. Wenn die Motivation besonders niedrig ist oder der Tag einfach nicht genug Stunden hat, um alles zu erledigen, wird es Zeit, mit Magie etwas nachzuhelfen! Diese Kräutertinktur steigert deine mentale Leistungsfähigkeit, sodass du jeder Aufgabe gewachsen bist, die sich dir stellen mag.

DU BRAUCHST

* getrockneten Salbei
  (fördert Weisheit)
* getrocknetes Basilikum
  (beruhigende Wirkung)
* Dillsamen (Energiequelle)
* gemahlenen Kaffee
  (anregende Wirkung)
* Mörser und Stößel
* Sand
* etwas Wasser

Schreibe zunächst eine Liste der Aufgaben, mit denen du dich schwertust. Gib dann Salbei, Basilikum, Dillsamen und Kaffee in den Mörser und zerstoße sie mit dem Stößel zu einem feinen Pulver. Füge den Sand hinzu und mische alles gut durch. Nimm eine Prise der Mischung und füge etwas Wasser hinzu, sodass eine Paste entsteht. Male mit dem Zeigefinger mit der Paste einen Punkt zwischen deine Augenbrauen. Streue behutsam einen Teelöffel der trockenen Mischung auf deine Liste und sage dabei:

Magische Mischung aus Kräutern und Sand,
leih' meinem Werk eine helfende Hand,
verleih' meinem Geist die Klarheit, zu erkennen,
und eine Antwort auf die Frage vor mir zu benennen.
Berührt vom Zauber sind Kopf wie Papier,
was immer ich beginne, das gelingt mir.
So beginne ich meine Suche nach Weisheit,
wissend mein Weg sei von Erfolgen gezeichnet.

Bleibe ein paar Minuten ruhig sitzen, nimm dann dein Buch mit ins Freie. Sei dabei vorsichtig, dass die magische Mischung nicht von deiner Aufgabenliste geweht wird. Schüttle die Mischung draußen auf die Erde, während du ein stilles Dankesgebet für die Unterstützung sprichst, die dir zuteilwerden wird.

Schreibe eine Liste mit Aufgaben, die dir schwerfallen:

LIEBES UNIVERSUM ...

Davon zu träumen, was du alles erreichen, erschaffen und worin du erfolgreich sein könntest, ist das eine, du musst allerdings auch wissen, wie du diese Träume Wirklichkeit werden lässt. Bevor du dich an diesen Zauber machst, solltest du daher die folgenden Fragen beantworten: Was ist dein genaues Ziel? Welchen Zeitrahmen erhoffst du dir? Handelt es sich um etwas, dass du realistischerweise auch erreichen kannst?

Das Universum erfüllt uns nur zu gern unsere Wünsche, wir müssen sie allerdings auch konkret formulieren und genau umreißen. Schreibe einen Brief mit deinen sehnlichsten Wünschen an das Universum. Du kannst beispielsweise schreiben:

> *Ich strebe nach ...*
> *Ich träume von ...*
> *Ich sehne mich nach ...*
> *Ich strahle aus, dass ...*
> *Ich verinnerliche, dass ...*
> *Ich bin dankbar für ...*
> *Ich möchte erreichen, dass ...*

Lies diese Zeilen siebenmal laut vor, wiederhole dies an sieben Abenden (am besten zwischen Neu- und Vollmond). Der Erfolg ist garantiert, wenn du deinen Gedanken, Wünschen und Worten auch Taten folgen lässt.

HEXEREI FÜR KREATIVES DENKEN

Im alten Ägypten galt Gold als Geschenk des Sonnengottes Ra, und es ist seit jeher ein Symbol des Reichtums — in mehr als nur einer Hinsicht. Dieser Zauber arbeitet mit der Kraft des Goldes und der Farbe Rot, beide fördern die Kreativität — wofür du ihn einsetzt, bleibt dir überlassen.

DU BRAUCHST

* eine rote Kerze
* Blattgoldflocken oder goldenen Glitter
* Blütenblätter einer roten Rose (sie bringen die Leidenschaft in deinen kreativen Prozess)
* einen kleinen Beutel

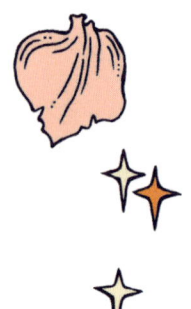

Zünde die Kerze an und lege das Buch davor. Streue ein paar Blattgoldflocken oder etwas goldenen Glitter auf den unteren Teil der Seite. Nimm dir einen Moment Zeit, um deine Aufmerksamkeit auf das Bild des Sonnengottes Ra zu lenken. Puste dann sanft die Goldflocken über das Bild. Dieser »Schatz« symbolisiert die Opfergabe an den Sonnengott. Sage dann den folgenden Zauberspruch auf:

Besiegle meine Suche mit Rosenranken,
für das Erschaffene werde ich dir danken.

Streue die Rosenblätter auf das Buch und puste die Kerze aus. Lass das Buch mit den Rosenblättern und dem goldenen Glitter über Nacht aufgeschlagen liegen. Fülle die Blütenblätter und den Glitter am nächsten Morgen in einen Beutel und verwahre ihn an einem geheimen Ort für die Zeit eines kompletten Mondzyklus. Von nun an wird dich kreatives Denken in all deinem Handeln begleiten.

Notiere, wie du deine Kreativität zum Ausdruck bringst.

_____

_____

_____

_____

RITUAL DER GENUTZTEN CHANCEN

Dieses mittelalterliche mystische Symbol ist bekannt als »caput draconis«, was »Kopf des Drachen« bedeutet. Okkulte Ratgeber europäischer Könige zeichneten es auf Pergamentpapier, um ihnen siegreiche Schlachten und gute Geschäfte zu bescheren. Dieses Symbol besitzt die Macht, dich ins Zentrum des Geschehens zu rücken und versetzt dich in die Lage, jede Chance zu nutzen, die sich dir bietet.

DU BRAUCHST

* **eine grüne Kerze
  (steigert Erfolgschancen)**
* **eine lila Kerze
  (zieht Chancen an)**

Zünde an fünf aufeinanderfolgenden Abenden eine grüne und eine lila Kerze an und platziere sie jeweils auf einer Seite des Buches, dann richte deine Aufmerksamkeit für fünf Minuten auf das abgebildete Symbol. Fünf ist die Zahl des Profits und steigert die Wirksamkeit des Rituals. Konzentriere dich auf die Mitte des Symbols, um eine starke Verbindung zwischen der energetischen Kraft des Symbols und deiner inneren Kraft herzustellen. Sage dabei:

Meine Ziele sind erreichbar, der Erfolg ist mein, ich bin jedoch dankbar für alles, was ich erhalte und die Gelegenheiten, die sich mir bieten. Was immer ich tue, ich tue es im Sinne dieses Symbols sowohl für mich selbst als auch für das Wohl aller.

Schreibe die Botschaft unter das Symbol, um Chancen anzulocken. Puste die Kerzen aus und tropfe jeden Abend etwas Wachs von beiden Kerzen auf das Symbol, um den Zauber zu besiegeln.

ERFOLGREICHE JOBSUCHE

Runen sind alte Zeichen der Wikinger, die in Felswände, Steine und Holz geritzt wurden und hauptsächlich dazu dienten, die Götter zu beschwören. Die Rune »Tyr«, auch als »Tiwaz« bezeichnet, steht beispielsweise für Sieg und Erfolg und wird dem nordischen Gott Tyr zugeordnet, einem mächtigen Krieger, Helden und Kämpfer für Gerechtigkeit. Die Rune »Wunjo« soll Glück bringen und kreative Arbeit sowie beruflichen Erfolg fördern. Die Rune »Kenaz« beschert Klarheit über deine wahren Wünsche und Prioritäten.

Dieser Runenzauber steigert Entschlossenheit und Zielstrebigkeit und beschert dir Erfolg bei deiner Suche nach einem neuen Job oder einer neuen Laufbahn.

So wie bei vielen Zaubern, bei denen die aktive Suche im Zentrum steht, sollte auch dieser zwischen Neu- und Vollmond durchgeführt werden, am besten an einem Dienstag (benannt nach dem Wikingergott Tyr), um das Wohlwollen des Gottes zu ernten.

Fokussiere deine Aufmerksamkeit auf die drei abgebildeten Runen und führe dir deinen gewünschten Arbeitsplatz, Karrierewünsche oder langfristige berufliche Ziele vor Augen. Möchtest du aus dem Alltagstrott oder aus einem langweiligen Job ausbrechen, oder möchtest du vorpreschen, ein Risiko eingehen und etwas Neues ausprobieren? Vergewissere dich, dass du eine genaue Vorstellung davon hast, was du suchst, bevor du dich dem nächsten Teil des Zaubers zuwendest.

Zeichne die Runen nach und schreibe darunter, wofür du ihre Kraft erbittest.

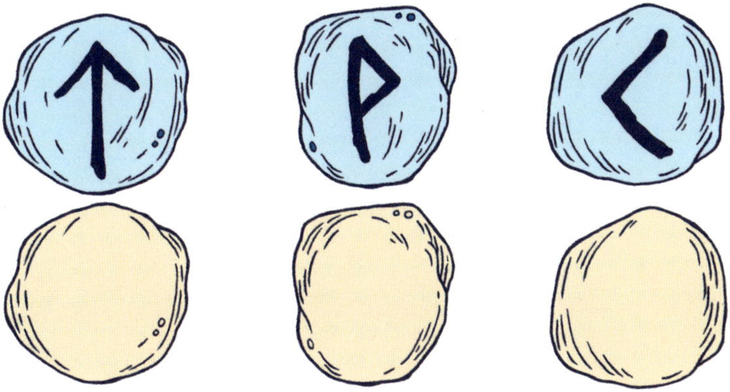

*Dank Tyr habe ich die
Weitsicht, zu erkennen, dass
ich mir wünsche ...*

*Dank Wunjo werde
ich das Glück haben,
dass ...*

*Dank Kenaz sehe
ich deutlich vor mir,
dass ich zukünftig ...*

Schreibe zum Schluss:

*Dank der Kraft dieser magischen Symbole erwartet mich eine Zukunft,
die meinen Wünschen entspricht.*

DIE INSPIRATION DES MONDES EINFANGEN

Bereits seit Tausenden von Jahren machen sich Magier und Hexen die Energie des Mondes — unsichtbar und reflektierend/glänzend zugleich — zunutze. Zu den althergebrachten Ritualen zählt es, eine Schale Wasser oder einen Spiegel in einer Vollmondnacht unter freien Himmel zu stellen, um darin das Wesen des Mondes einzufangen. Die Hexe betrachtete anschließend ihr Spiegelbild darin, um die Kraft des Mondes aus dem Wasser oder Spiegel auf sich selbst zu übertragen.

D as Ritual kannst du selbst so ausprobieren wie beschrieben. Oder du konzentrierst dich in einer Vollmondnacht einfach auf das Bild auf der rechten Seite und wiederholst dabei den folgenden Spruch fünfmal – die Fünf ist eine mystische Kraftzahl.

Schreibe den Spruch anschließend auf die Spiegelung des Mondes im Wasser:

> *Guter Mond, ich empfange deine Gaben jetzt:*
> *Ich empfange die Gabe des Glanzes.*
> *Ich empfange die Gabe der Liebe.*
> *Ich empfange die Gabe des Lichts.*
> *Ich empfange die Gabe der inneren Kraft.*
> *Ich empfange die Gabe der letztendlichen Erfüllung.*

Bald wird dich das Licht kreativer Vorstellungskraft erfüllen.

TRÄUME & ZIELE

KAPITEL

7

Jeder Mensch hat seine ganz persönlichen Träume.
Glücklicherweise verfügt auch jeder über die individuelle
Fähigkeit, diese Träume Wirklichkeit werden zu lassen.

Das Gesetz der Anziehung besagt im Grunde,
»Gleiches zieht Gleiches an«, oder wie wir in
esoterischen und okkulten Kreisen gerne sagen:
»Wie oben, so unten«. Vielleicht hast du dich
bereits daran versucht, Geld, eine neue Liebe,
eine gewonnene Wette, eine bestandene Prü-
fung oder Ähnliches zu manifestieren. Und
vielleicht beschleicht dich langsam der Verdacht,
dass das Manifestieren doch nicht so wirksam
ist, wie gerne behauptet wird. Tatsächlich funk-
tioniert es nur dann — genauso wie sämtliche
Magie in diesem Buch —, wenn du auch wirklich daran glaubst. Du musst das gewünschte
Ergebnis ganz deutlich vor deinem inneren Auge
sehen können. In diesem Kapitel werden
dir einige hilfreiche Zauber an die Hand
gegeben, die dich beim Manifestieren deiner
Träume unterstützen.

STEINKREISZAUBER

Steinkreise, wie die jungsteinzeitlichen Monumente Stonehenge und Avebury in England, waren besondere Orte, die die Menschen damals aufsuchten, um die Götter mit Magie gnädig zu stimmen, wenn Sonne, Mond oder andere Himmelskörper in bestimmten Konstellationen am Himmel standen. Der Kreis hier wird dir dazu dienen, deinen ersten Wunsch zu manifestieren. Und was wünschst du dir als Erstes? Die innere Gewissheit, dass du eine einzigartige und besondere Person bist, die Liebe sowie die Erfüllung all ihrer Wünsche verdient. Von nun an werden mehr und mehr deiner Wünsche in Erfüllung gehen.

DU BRAUCHST

✤ **eine Schere**

Schreibe jedes Wort des folgenden Zauberspruchs auf jeweils einen der Steine auf der nächsten Seite. Es ist egal, mit welchem Stein du beginnst, wichtig ist nur, dass du im Uhrzeigersinn vorgehst. Wenn du die Steine mit den ersten elf Wörtern gefüllt hast, gehe ein zweites Mal durch den Kreis, bis auf jedem Stein zwei Wörter stehen. Dein Zauber ist nun an den magischen Steinkreis gebunden.

Ich manifestiere diesen Wunsch, indem ich meinen Glauben, mein Vertrauen, meine Integrität und mein Recht, besonders zu sein, auf diesen Kreis übertrage.

Wähle nun einen Stein aus, auf dem zwei Wörter stehen, die dir besonders ins Auge stechen. Schreibe sie auf den Stein in der Ecke rechts unten und sage den Spruch elfmal (die elf ist in vielen Kulturen eine mystische Zahl, die die Verdopplung der eigenen Energie symbolisiert) laut auf. Schneide den Stein in der Ecke aus und lege ihn unter dein Kissen, um die Wirkung des Zaubers aufrechtzuerhalten.

Wähle einen der Steine aus und übertrage die darauf
stehenden Wörter auf den Stein hier rechts.

KNOTENZAUBER FÜR WOHLSTAND

Dieser Knotenzauber bringt dir einen festgelegten Geldbetrag innerhalb eines bestimmten Zeitraums. Bleibe jedoch realistisch und bitte nicht um 3000 Euro bis zum Ende der Woche, wenn du nicht überzeugt bist, dass das auch tatsächlich möglich ist.

K notenzauber konkretisieren und festigen Ziele. In der Renaissance wurden in Wandteppichen Goldfäden verwebt, um die kräftigen Farben zu einem stimmigen Ganzen zusammenzuführen. Auf ähnliche Weise werden die hier abgebildeten Goldfäden die Reichtümer des Universums und deinen Lebensweg zusammenführen.

Überlege dir, wie viel du willst und bis wann — schreibe beides auf die Zeilen oben auf der nächsten Seite.

Zünde die beiden goldenen Kerzen an und platziere sie zu beiden Seiten deines Buches.

Die abgebildeten Goldfäden sind bereits geflochten und geknotet. Das Einzige, was für dich zu tun bleibt, ist jede Zeile des Zaubers neben einen der Knoten zu schreiben und sie dabei laut auszusprechen.

DU BRAUCHST

✿ **zwei goldene Kerzen**

Knoten eins, die Bitte ist gesprochen.
Knoten zwei, der Betrag ist erdacht.
Knoten drei, der Wunsch ist entfacht.
Knoten vier, nicht Minus, nicht Plus.
Knoten fünf, die Welt im Überfluss.
Knoten sechs, das Gold ist gesponnen.
Knoten sieben, meinen Willen soll ich bekommen.

Datum _____ _Betrag_ _____

1 _____

2 _____

3 _____

4 _____

5 _____

6 _____

7 _____

Um den gewünschten Betrag zu manifestieren, sage
diesen Spruch innerhalb des festgelegten Zeitraums jeden
Abend laut auf.

FÜR EINE BESSERE WOHNSITUATION

Einige von uns haben das Glück, Immobilienbesitzer zu sein, die meisten müssen sich allerdings mit einer Mietwohnung oder einem Zimmer bei den Eltern zufriedengeben — alles andere ist manchmal einfach zu teuer oder zu unpraktisch. Auch eine moderne Hexe wie du lebt vielleicht nicht in ihrem Traumzuhause, aber das bedeutet nicht, dass das auf ewig so bleiben muss.

DU BRAUCHST

* Citrin (begünstigt Verhandlungen und die Manifestation deines Wunsches)
* eine Schere
* Kordel oder Faden
* einen kleinen Beutel

Vielleicht bist du auf der Suche nach einem tollen Mitbewohner, möchtest näher an deinen Arbeitsplatz ziehen oder eine Immobilie kaufen oder verkaufen. Was auch immer du in Bezug auf deine Wohnsituation manifestieren möchtest, dieser Zauber hilft dir dabei.

Auf der nächsten Seite findest du einen Geheimcode. Das »Hexenalphabet« wird nach wie vor von Wicca verwendet, um geheime Nachrichten oder Zaubersprüche zu verschlüsseln. Die vom deutschen Abt und Kryptologen Johannes Trithemius erstmals im sechzehnten Jahrhundert veröffentlichte Schrift verstärkt die Kraft des Citrins.

Lege deinen Citrin auf diese Seite und schreibe den folgenden Zauberspruch mit den Buchstaben des Hexenalphabets auf die Seite. Übertrage ihn auf den Streifen am Seitenrand, schneide diesen ab, wickle ihn um den Citrin und verschnüre das Ganze mit einem Stück Kordel oder Faden. Stecke das Päckchen in einen Beutel und trage diesen immer bei dir, um günstige Veränderungen deiner Wohnsituation anzuziehen.

Magische Worte durchfluten diesen Stein,
bringe er mir bald mein perfektes Heim.

a	b	c	d
e	f	g	h
i,j	k	l	m
n	o	p	q
r	s	t	u,v
w	x	y	z

Übertrage den Spruch mithilfe des Hexenalphabets.
Schreibe ihn ein weiteres Mal
auf den Streifen am Seitenrand.

Trenne den Streifen mit der Schere ab und
wickle ihn um den Citrin.

GLÜCKSZAUBER

Wenn es bei allen anderen gerade gut läuft, scheint es bei dir dafür umso schlechter zu laufen und umgekehrt. Eine glückliche Wendung ist in einem solchen Fall immer will-kommen.

In der chinesischen Feng-Shui-Lehre gilt der »Glücksbambus« schon lange als Symbol für Reichtum und Selbstverwirkli-chung. Die Zahl der Bambushalme bestimmt, welche Energie die Pflanze in dein Zuhause bringt. Je mehr Halme, desto mehr Glück bringt sie. Schaffe dir als Glücksbringer eine Bambus-pflanze mit mindestens neun Halmen an, denn die neun ist eine glücksverheißende Zahl.

Auf der nächsten Seite ist ein Glücksbambus mit neun Halmen abgebildet. Schreibe in jeden Halm ein Wort, das für einen deiner Wünsche steht. Bald werden diese Wünsche in Erfüllung gehen, besonders wenn du zusätzlich eine echte Pflanze an-schaffst und sie im Süden oder Südosten des Zimmers platzierst. Viel Glück!

Schreibe in jeden der Halme ein Wort, das für einen deiner Wünsche steht.

MOMENTE SPIRITUELLER ERLEUCHTUNG ERLEBEN

Augenblicke spiritueller Erleuchtung können sehr verschieden erlebt werden: Vielleicht überkommt dich plötzlich die Erkenntnis, dass du eins bist mit dem Universum. Vielleicht erlebst du auch einen Moment, in dem sich alles fügt, und du spürst, dass du genau zur rechten Zeit am rechten Ort bist. Eine Erleuchtungserfahrung kann ein kurzes Aufscheinen geistiger Klarheit oder ein Gefühl des tiefen Friedens sein.

DU BRAUCHST
* bunte Stifte

Wenn du auf der Suche nach Erleuchtung in der ein oder anderen Form bist, dann folge dem Pfad des Buddhas, der der Legende nach im Moment seiner eigenen Erleuchtung einen Fußabdruck im Steinboden hinterließ. Darstellungen dieses Fußabdrucks, bekannt als »Buddhapada«, finden sich in alten buddhistischen Tempeln. Innerhalb des Fußabdrucks sind drei weitere glücksbringende buddhistische Symbole dargestellt: das Dharmarad (oben), die Drei Juwelen (Mitte) und die Lotusblüte (unten).

Schreibe in jeden Zeh jeweils einen Buchstaben deines Namens. Sollte dein Name aus mehr als fünf Buchstaben bestehen, dann schreibe alle weiteren unter die ersten fünf Buchstaben. Ist dein Name beispielsweise »Carolin«, schreibe das »I« unter das »C« auf den kleinen Zeh.

Danach male die Symbole bunt aus. Schreibe den folgenden Spruch rund um die Abbildung, folge dabei dem Pfad aus Fußabdrücken.

Jeden Schritt auf dem Weg zur Erleuchtung und auf der Suche nach meiner persönlichen lebensverändernden Offenbarung verdanke ich dem Glauben daran, dass alles eins ist und dass auch ich über das innere Potenzial verfüge, einen Fußabdruck im Stein zu hinterlassen. Gesegnet seien alle, die den Weg kennen.

Schreibe jeden Buchstaben deines Namens auf einen der Zehen. Schreibe dann den Spruch auf die Spur aus Fußabdrücken.

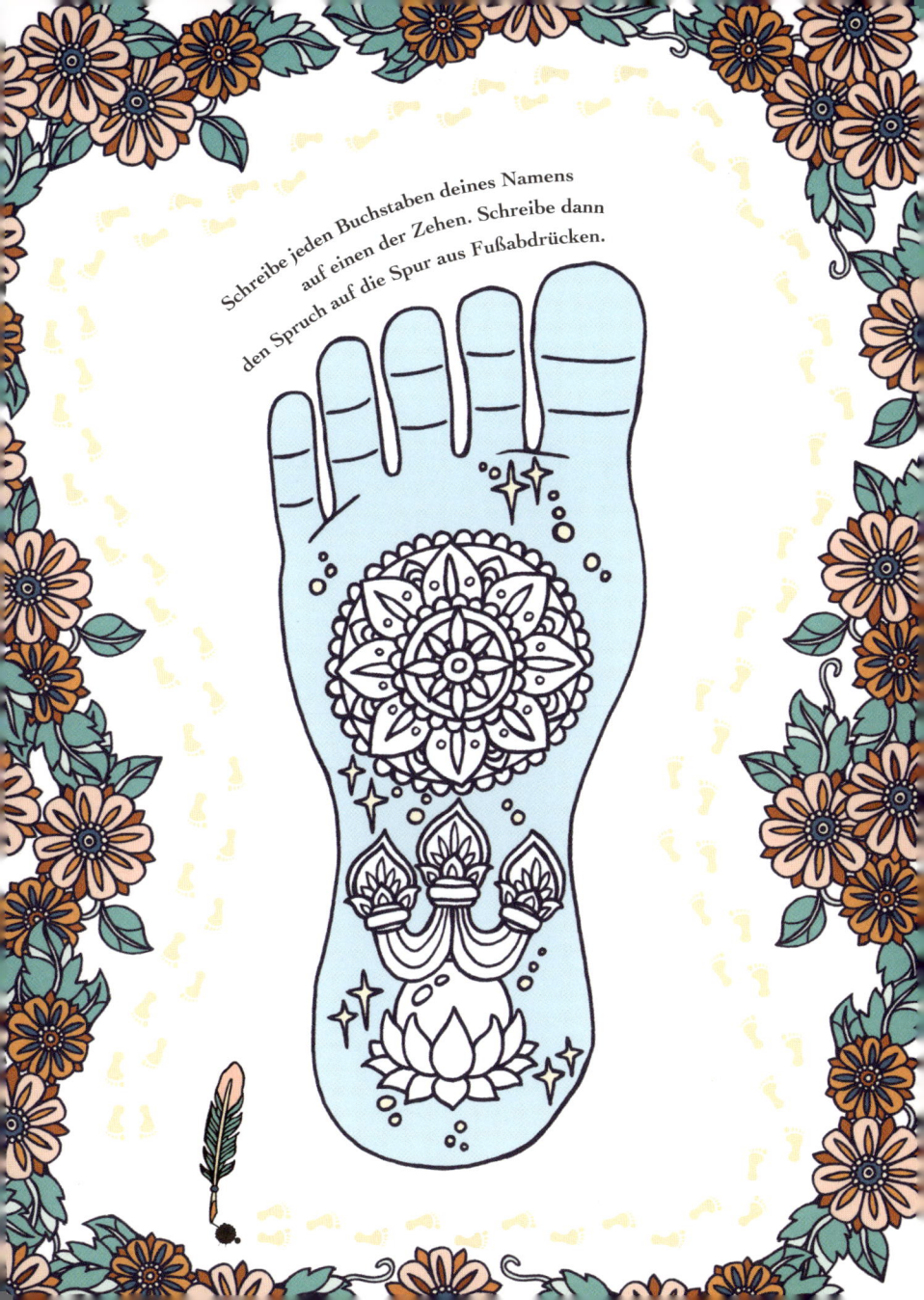

FREUNDE & MENTOREN

KAPITEL

Wahre Freunde sind unbezahlbar,
behandle sie wie einen
kostbaren Schatz.

Freundschaften sind wahrlich magische Beziehungen. Im Gegensatz zu unserer Familie wählen wir diese Seelenverwandten selbst aus, die uns voll und ganz verstehen, unseren schrägen Humor teilen und uns ermutigen, die beste Version unseres Selbst zu sein. Und wenn diese bezaubernden Geschöpfe unseren Weg kreuzen, lassen wir sie so schnell nicht wieder gehen. Manchmal spielen unsere Freundschaften aber auch nur die zweite Geige — weil die Liebesbeziehung Vorrang hat, die Karriere an erster Stelle steht oder es mit einer Freundin einfach nicht harmoniert. Nimm dir Zeit, um deine Freundschaften neu zu priorisieren. Überlege dir, ob du deinen sozialen Kreis erweitern, schlechte Schwingungen bannen oder bestehende Freundschaften noch weiter vertiefen und auf ein stabileres Fundament stellen möchtest.

BERUHIGENDE KAMILLE

Wenn sich Freunde in den Haaren liegen, dann fühlt es sich an, als sei die schwesterliche Bindung in Gefahr. Nutze deine Hexenweisheit, um den Zirkel mit einem seit Jahrhunderten verwendeten Heilmittel — einer beruhigenden Tasse Kamillentee — wieder zusammenzubringen.

DU BRAUCHST

* Kamillenblüten (35 g getrocknete oder 77 g frische)
* einen Teekessel
* eine Schale
* einen großen Blumentopf
* Erde
* Kamillenpflanzen oder -ableger

Zur Herstellung eines Kamillenaufgusses gebe die getrockneten oder frischen Kamillenblüten in einen Teekessel mit 500 ml kochendem Wasser und lasse sie etwa zehn Minuten ziehen. Gieße dir durch ein Sieb eine Tasse ein und gieße den Rest durch das Sieb in die Schale und lasse ihn darin abkühlen. Während der Aufguss abkühlt, fülle den Topf mit Erde und pflanze die Kamille hinein. Rufe dir das Zerwürfnis zwischen deinen Freunden ins Bewusstsein und singe den folgenden Vers, während du arbeitest:

Lass mich die Magie der Blumen erspähen,
lass mich die Zauberformel des Friedens erlauschen.

Wenn du fertig bist, wasche deine Hände im warmen Aufguss und gieße dann die Pflanzen damit. Während du das tust, wünsche dir für die angeschlagene Freundschaft einen frischen Start und dass sie gemeinsam mit der Pflanze immer weiterwachsen möge.

Notiere die Gründe für die Streitigkeiten zwischen
deinen Freunden. Streiche sie anschließend mit
einer dicken Linie durch, um sie auszulöschen.

_____

_____

_____

_____

_____

_____

Schreibe nun die Namen deiner Freunde in ineinander
verschlungenen Buchstaben, um sie wieder zusammenzubringen.

VERSÖHNUNGS-ZAUBER

Laut einer alten japanischen Legende trennt die Milchstraße zwei Liebende, die Sterne Orihime und Hikoboshi. Erst am siebten Tag des siebten Monats des Mondkalenders durften sie vereint sein. In Japan wird an diesem Tag das Sternenfest Tanabata gefeiert.

An diesem Fest schreiben die Menschen auf bunte Papierstreifen, welche freudigen Wiedersehen und glücklichen Versöhnungen sie herbeisehnen. Die Papierstreifen werden an Bambusrohre gebunden und als Opfergabe an die Sterngottheiten auf dem Fluss zu Wasser gelassen. Dieses ähnliche Ritual wird dir freudige Wiedersehen mit Freunden bescheren, die du lange nicht gesehen hast oder mit denen du die Freundschaft wiederbeleben möchtest.

Schreibe die Namen der Menschen, mit denen du dir eine Versöhnung oder ein Wiedersehen wünschst, auf die abgebildeten Papierschildchen. Schreibe den folgenden Zauberspruch entweder sieben Nächte später oder in der nächsten Vollmondnacht (sollte diese vorher kommen) auf die Zeilen unten:

Orihimes und Hikoboshis helles Funkeln erleuchtet den Pfad zur Versöhnung im Dunkeln.

Sehr bald werden dein Freund und du glücklich wiedervereint sein.

BLÜHENDE FREUNDSCHAFTEN

Es gibt besondere Freunde, auf die ist immer Verlass, egal ob wir jemanden brauchen, der uns den Rücken stärkt, sich mit uns in Abenteuer stürzt oder uns von Herzen zum Lachen bringt. Halte diese Freundschaften mit diesem Ritual lebendig.

Das Verschenken bestimmter Blumen diente früher dazu, verschiedene Gefühle zum Ausdruck zu bringen. Unten sind einige Blumen und ihre traditionelle symbolische Bedeutung aufgelistet. Wähle eine Blume, die dich an einen Freund oder eine Freundin erinnert, die du in deinem blühenden Freundschaftsbouquet nicht missen möchtest. (Es müssen nicht neun Freunde sein, vielleicht sind es nur ein paar oder sogar erstmal nur einer – du kannst das Bouquet mit der Zeit immer noch erweitern.)

DU BRAUCHST

❀ **bunte Stifte**

Flieder für:

Vergissmeinnicht — lassen dich nicht vergessen, wie besonders du bist
Kamille — tolerant, charmant, geduldig
Gänseblümchen — optimistisch, lustig, für jeden Scherz zu haben
Flieder — jung geblieben, unangepasst
Stiefmütterchen — nachdenklich, fürsorglich, spirituell
Lavendel — aufopfernd, treu
Schwertlilie — gesprächig, geben gute Ratschläge
Stockrose — ambitioniert, ehrgeizig
Kirschblüte — vertrauenswürdig, verlässlich

Male die ausgewählten Blumen aus und schreibe den Namen des Freundes oder der Freundin darunter. Besiegle den Zauber, indem du diese Beschwörungsformel aufschreibst:

Stockrose für:

Diese Blüten verströmen wahre Freundschaft, spenden dir und mir neue Kraft.

Male die Blumen aus und schreibe den Namen deines Freundes oder deiner Freundin darunter.

Vergissmeinnicht für:

Kamille für:

Gänseblümchen für:

Stiefmütterchen für:

Lavendel für:

Schwertlilie für:

Kirschblüte für:

FEUERPROBE FÜR FREUNDSCHAFTEN

Die sozialen Medien machen es heutzutage nicht gerade einfach, etwas geheim zu halten. Wenn du dich allerdings jemandem anvertrauen möchtest, kannst du mit diesem Ritual herausfinden, bei wem deine Geheimnisse sicher sind.

DU BRAUCHST

* Teelichter (eins pro Freund, dessen Vertrauenswürdigkeit du testen möchtest)
* eine Reißzwecke oder Stecknadel
* bunte Stifte

Löse das Teelicht aus der Aluminiumschale und ritze den Namen des Freundes (mit einer Reißzwecke oder Stecknadel) rundherum in die Seite der Kerze ein. Achte darauf, dass der Docht gerade aufgerichtet ist und die Kerze auf flachem Untergrund steht. Zünde die Kerze an und beobachte die Flamme für ein paar Minuten.

• Wenn die Kerze gleichmäßig abbrennt und die Flamme nicht flackert, ist dein Freund durch und durch vertrauenswürdig.

• Wenn sie immer mal wieder flackert, tratscht dein Freund ab und an mal ganz gerne.

• Wenn sie ausgeht oder durchgehend flackert, kannst du diesem Freund nicht vertrauen!

Schreibe die Namen der Freunde, denen du vertrauen kannst, auf die Kerzen auf der nächsten Seite und male diese aus. Verwende Farben, die in dir ein Gefühl der Freude und Dankbarkeit für deine Freunde wecken.

**Schreibe die Namen der Freunde, denen du vertrauen kannst,
auf die Kerzen und male sie farbig aus.**

MENTOREN-MANDALA

Abgesehen von Freunden brauchen wir in unserem Leben auch manchmal Menschen, die uns leiten, uns weise Ratschläge geben, uns etwas Neues beibringen oder uns helfen, in der Schule des Lebens zu bestehen. Wenn du weißt, welche Art Mentor, Guru oder Berater du in deinem Leben gerade benötigst, dann locke diese Person mithilfe dieses alten Rituals in dein Leben.

DU BRAUCHST
* bunte Stifte
* eine Kerze

Das Mandala (Sanskrit für „Kreis") dient im Hinduismus und Buddhismus als spirituelles Hilfsmittel und Meditationshilfe. Mandalas verfügen über eine reiche Symbolik, sie verkörpern das gesamte Universum, den gesamten Kosmos. Auch der „Sonnenstein" der alten Azteken wird mittlerweile als eine Form des rituellen Mandalas eingeordnet.

Schreibe in die Mitte des Mandalas, welche Art Mentor du suchst. Vielleicht brauchst du einen Karriereberater, einen Fitnesscoach, einen kreativen Guru oder einfach jemanden mit einer frischen Sichtweise. Male das Mandala so aus, wie es dir gefällt. Während du malst, denke über deinen Wunsch nach; konzentriere deine Gedanken darauf, eine Person mit den gesuchten Eigenschaften in dein Leben zu bringen.

Schreibe in die Mitte des Mandalas, welche Art Mentor du suchst.
Male das Mandala aus und konzentriere dich dabei auf deinen Wunsch,
dass diese Person in dein Leben tritt.

*Wenn du fertig bist, zünde eine Kerze an und danke dem Universum für die Unterstützung,
die es dir bald in Form eines mächtigen Verbündeten schicken wird.*

BANNZAUBER GEGEN SCHLECHTE SCHWINGUNGEN

Die unterschiedlichsten Dinge können Freunden bitter aufstoßen. Sie sind vielleicht neidisch auf deinen Job, dein Liebesleben oder wünschten sich einfach nur, sie hätten so tolles Haar wie du. Die Arbeitskollegen sind insgeheim sauer, weil du beim letzten Geschäftsabschluss die Nase vorn hattest oder neidisch auf deine Fähigkeit, den Chef um den Finger zu wickeln. Schlechte Schwingungen umgeben uns, wo wir stehen und gehen, und auch wenn wir uns mit Kristallen vor ihnen schützen können, ist manchmal auch ein Bannzauber nötig.

DU BRAUCHST
* ❀ ein weißes Teelicht
* ❀ Rosenblätter
* ❀ Ylang-Ylang-Öl

Wie alle anderen Bannzauber auch sollte dieser Zauber bei abnehmendem Mond durchgeführt werden. Streue ein paar Rosenblätter um die Kerze herum und träufle einige Tropfen Ylang-Ylang-Öl auf Kerze und Blütenblätter. Zünde nun die Kerze an und schaue in die Flamme, während du folgende Worte aufsagst:

Ich entzünde diese Kerze, um negativen Gedanken zu entsagen.
Ich entzünde diese Kerze, um jegliche Flüche zu verjagen.
Ich entzünde diese Kerze, um aus Schlechtem Gutes zu machen.
Mit dieser Kerze verbrennen alle unheilvollen Sachen.

*Wenn du weder Öl noch Rosenblätter
zur Hand hast, kannst du auch nur
eine weiße Kerze anzünden und dich
auf ihre Flamme konzentrieren,
während du den Spruch aufsagst. Der
Zauber ist jedoch sehr viel mächtiger,
wenn du alle Zutaten verwendest.*

Schreibe auf, was du mit diesem Zauber
bezwecken möchtest: Welchen schlechten
Schwingungen bist du ausgesetzt?

Träufle ein paar Tropfen Öl auf diese Ecke und wiederhole dabei
den Spruch. Schneide die vom Zauber durchdrungene Buchecke ab
und verwahre sie in deiner Hosentasche. Bis zum nächsten
Vollmond werden die schlechten Schwingungen in deinem Leben
friedlichen weichen.

DU BRAUCHST

* einen Goldstift
* Rosenquarz

FÜR FREUNDE IN DER FERNE

Sende einem Freund in der Ferne gute, fürsorgliche oder heilsame Energien. Vielleicht ist dieser Mensch gerade auf der anderen Seite der Welt oder lebt in einer anderen Stadt. Wie dem auch sei, mit diesem Ritual sendest du Liebe und heilende Energie an diejenigen, die es gerade brauchen.

Markiere auf der Karte, wo sich dein Freund aufhält, und schreibe daneben den Namen der Person und was du ihr wünschst. Platziere den Kristall auf dem Namen. Schreibe den Zauber mit Goldstift auf die nächste Seite und wiederhole ihn dann laut.

Der Zauber prangt in gold'nen Lettern,
die Liebe trotzt noch allen Wettern.
Der Zauber über Kontinente erschalle
und heile mit der Kraft seiner Kristalle.

Puste nun sanft auf den Kristall und die Weltkarte und stelle dir vor, wie du deinem Freund Küsse sendest.

Markiere den Ort auf der
Karte, an dem sich der
Freund/die Freundin befindet.
Schreibe daneben den Namen
und was du ihm oder ihr
wünschst.

N
W — O
S

_____

_____

_____

Die positive, fürsorgliche oder heilsame Energie wird sich ihren Weg bis zur Haustür
deines Freundes bahnen.

REGISTER

DANK

Ich möchte mich bei Quarto bedanken und bei allen, die an der Produktion dieses
Buches beteiligt waren und seine Magie haben Wirklichkeit werden lassen. Mein
Dank gilt ganz besonders meinen »Zirkel-Kameradinnen« Kate Kirby, Victoria Lyle,
Karin Skånberg, Rachel Urquhart und nicht zuletzt auch meiner Agentin
Chelsey Fox.

Außerdem möchte ich mich bei meinen Familiaren und meiner Familie dafür
bedanken, dass sie die für dieses Buch kreierten Zauber zusammen mit mir erlebt
und genossen haben. Mein besonderer Dank gilt meiner Tochter Jess für ihre
magische Unterstützung.